VISIBLE LEARNING

Feedback

可见的学习

反馈的力量

[新西兰] 约翰·哈蒂（John Hattie）

[英] 雪莉·克拉克（Shirley Clarke） 著

伍绍杨 译

彭正梅 校译

教育科学出版社

·北京·

译者前言

哈蒂（John Hattie）自 1992 年以来一直都在追踪与"反馈"有关的教育实证研究，在他所做的多次元分析综合中，反馈的效应量在 0.70 到 0.79 之间（Hattie & Timperley，2007；Hattie，2009；Hattie，2012；Hattie & Zierer，2019）。在"可见的学习"的研究中，哈蒂发现影响学业成就的 250 多个因素的平均效应量是 0.40。以效应量是否高于 0.40 作为判断一个因素是否有效的基准，反馈无疑是影响学业的最有力的因素之一。

然而，围绕反馈这个议题，仍有诸多尚不明晰之处。尽管反馈是一种促进学习的重要工具，但其对学习的影响有很大的差异性——它可以产生很大的促进作用，但也可能是零作用，甚至在教育情境中有大约三分之一的反馈采取了错误的方式，会带来负面影响（Kluger & DeNisi，1996）。很多调查研究发现，教师提供有效反馈的频率非常低，经常偏离有效反馈的原则：在大多数情况下，教师更倾向于使用笼统的、宽泛的表扬，表扬缺乏实质性内容（Voerman，Meijer，Korthagen & Simons，2012）。此外，教师与学生在对反馈的感知上有较大的差异——教师更多地认为自己提供了大量有用的反馈，但学生通常认为自己没有接收到反馈，也不清楚如何根据反馈采取行动。

在中国的教育实践中，尽管教师的很多日常活动中都包含反馈的要素，比如在课堂中对学生表现的评价、对作业的批改、对考卷的评讲，但"反馈"并不是一个常用的教学术语，教师很少有意识地设计教学反馈。总体而言，反馈是一个没有得到充分理解和运用的教学工具。而缺乏反馈会导致师生错失很多学习机会，因为反馈作为刻意练习的一个关键要素，对于发展复杂的、高阶的知识和技能尤为重要。中国当前发展学生核心素养的教育改革，尝试改变过于强调简单识记的教育现状，转向发展学生灵活运用知识的能力，培养批判性思维、创造性思维、合作与沟通等高阶技能和素养。这些技能和素养具有更多不确定性，无法用简单的对错进行评价，因此更需要有能力的教师和同伴提供有效的反馈。

随着大数据、自适应学习和学习分析学的兴起与发展，很多研究者和机构都尝试利用技术实时监控学习者的学习进展和需求，进而提供更加精准和有效的反馈。由于新冠肺炎疫情大流行，世界各国的教育系统迅速转向线上教学，这在很大程度上改变了学习形态，教师与学生缺乏面对面接触与交流的机会，反馈在此时变得更加重要。技术运用为反馈提供了新的方式和媒介，但有效反馈的原则在本质上没有发生变化。因此，哈蒂这本新的著作《可见的学习：反馈的力量》能够重构我们对反馈的看法和思考，为正在发生的和即将到来的教育变革提供助力。

一、反馈的历史：从行为主义到认知主义、建构主义

在教育语境中，对"反馈"的研究可以追溯到 20 世纪初的行为主义心理学。库尔哈维和瓦格尔（Kulhavy & Wager，1993）指出，在行为主义心理学中，反馈在三个层面上发挥作用：一是反馈作为提高反应率或正确率的动力或促进因素；二是当反应是正确的时，反馈提供一种强化的信息，巩固反应与先前刺激物之间的联结；三是当反应是错误的时，反馈提供一种用于验证、纠正或改变反应的信息。我们今天对"反馈"的基本理解仍然以这一架构为基础，但这种行为主义的反馈实质上是一种总结性反馈，对学习的影响并不显著。基于外部奖励或惩罚的反馈甚至会产生相反的作用，这种结果难以用"趋利避害"的效果律去解释。

自 20 世纪 70 年代起，研究者开始关注反馈如何对学习者的认知过程产生影响，反馈的理论从行为主义转向认知主义。当反馈能促进学习时，通常与纠正错误相关，而认知主义心理学解释了纠错型反馈的有效性：当刺激物与学习者当前的认知结构不一致时，学习者就会陷入"失衡"的状态，他要么尝试将刺激同化到现有的认知结构中，要么尝试使认知结构顺应刺激，而反馈提供了如何应对失衡状态和优化认知结构的信息。为了提供有效反馈，教师需要了解学习者现有的认知结构，从而对他们施加影响。正因为如此，拉玛普拉萨德（Ramaprasad，1983）指出，"只有能用于缩小实际水平与目标水平之间差距的信息才是真正的反馈"。基于这一理解，萨德勒（Sadler，1989）提出了反馈的三个阶段：（1）对想要达成的目标或标准有清晰的概念；（2）将现有水平与目标水平进行比较；（3）采取恰当的行动以缩小差距。这将反馈与"形成性评价"

或"为教而评"的理念联系起来，即通过评价学生当前的表现，得到有助于改进和优化后续学习的信息。

然而，反馈不仅涉及认知的层面，而且牵涉到学习者自身的能动性和心理因素，也受到师生关系、班级文化等外部环境的影响。与教师提供多少反馈相比，更为关键的是学生如何理解、诠释和运用这些反馈。由于学习者的努力水平、掌握取向或表现取向以及自我效能感的差异，相同的反馈也可能产生不同的效果。比如，在接收纠错型反馈时，有些学生会表现出焦虑或难堪，其他一些学生则会乐于利用这些反馈改进自身表现。因此，建构主义的视角将学习者放在反馈过程的中心，来源于外部的反馈信息必须激发学习者的"内心对话"——这种内心对话赋予师生之间和同伴之间的反馈互动以意义，促使学习者有意识地运用反馈去改变未来行动（Nicol, 2010）。

不难想象，当外部反馈与学生的自我评价和观念相冲突时，学生就很难从中获得任何明确的指导和帮助。基于此，有效反馈是一个双向的过程，为增进反馈的效果，不仅需要教师或同伴提供有助于改进学习的高质量的信息，而且需要学生具备特定的"反馈素养"（feedback literacy），即"关于反馈是什么和如何有效管理反馈的理解，富有成效地运用反馈的能力和品质，以及对教师和他们自己在这个过程中扮演何种角色的认知"（Carless & Boud，2018）。

二、哈蒂的反馈模型

哈蒂最初建构的反馈模型主要是基于认知主义的视角，他将反馈定义为由某一主体（比如教师、同伴、书籍、父母、互联网或个体经验）提供的关于某人的表现或理解等方面的信息（Hattie & Timperley, 2007），并认为反馈的目的是缩小当前理解或表现水平与预期目标之间的差距。类似于萨德勒提出的三个反馈阶段，哈蒂认为有效的反馈必须回答三个重要问题：我要去哪里？我进展如何？下一步去哪里？这三个问题分别着眼于现在、过去和未来，哈蒂将它们分别称为"正馈"（feed up）、"后馈"（feed back）、"前馈"（feed forward）。同时，哈蒂区分了基于个人的反馈和基于表现的反馈，其中，根据认知复杂性的差异，基于表现的反馈在任务、过程、自我调节三个不同层面上发挥作用，其有效性与学习阶段有密切的联系。

（一）反馈的三个时间视角

1. 正馈——聚焦当前要实现的目标

正馈回答的是"我要去哪里？"或"目标是什么？"的问题，它着眼于当下，是将学习者当前状态与期望的目标状态进行比较的反馈。因此，正馈与预期目标紧密相关，这意味着教师需要了解学生的学情，设定合适的目标，并清晰地传达给学生。其中最为关键的两个要素是学习意图（learning intention）和成功标准（success criterion）。哈蒂所说的"学习意图"类似于我们通常讲的学习目标。好的目标必须处于学习者的最近发展区，有适度的挑战性，不能过于简单，但也不能过于困难。分享学习意图有助于学生对整个学习旅程形成一种"大局观"，理解自己当前的学习进度。教师在表述学习意图时，应该采取真实和去情境化的语言，从而更有利于知识和技能的迁移。

成功标准是对学习意图的分解，它明确告知学生必须做到什么才能实现学习意图。成功标准是结果导向的，它将学习意图分解成一些可操作的步骤或要素，从而为学习的质量提供了一个基准，其形式可以是检查单、量规或样例等。成功标准和学习意图是紧密联系的，两者在发挥效果时是相辅相成的。当成功标准是由教师和学生共同设定的时，学生就有更大的概率理解和内化其含义，并形成目标概念。

2. 后馈——聚焦对过去的反思

后馈回答的是"我进展如何？"或"朝向目标，我取得了哪些进步？"，它关注过去，是将学习者当前状态与先前状态进行比较的反馈。后馈聚焦于学习者已经实现了哪些进步，因而通常释放出一种积极的信号，更能增强学习者的学习动机（Schunk & Ertmer, 1999）。后馈的信息往往来源于测验、考试或者其他评估学生理解情况的策略。当测验或考试的结果被用于告知他们在学习任务中的哪些方面取得成功或遇到失败，而不是作为总结性评价或用于与其他学生的比较时，它们就可以发挥后馈的作用。除了测验和考试以外，教师还可以在学生参与任务时，通过提问来揭示学生的理解水平，提供即时的后馈。

3. 前馈——聚焦未来的规划

后馈回答的是"下一步去哪里？"或"为了取得更大的进步，我需要怎么做？"，它关注未来，是基于学习者当前状态来阐明目标状态的反馈。前馈聚焦于学习者未来的目标是什么，他们可以采取哪些策略改进学习。这是学习者最感兴趣的一种反馈类型，它告知学习者需要对未来学习有一个计划，让他们对自己的学习产生更强的自主感和掌控感。因此，前馈能够把学习者引向更有挑战性的学习任务，达到更高水平的自我调节、熟练度和自动化，掌握更多处理任务的策略和步骤，实现对知识的更深层的理解，获得更多关于自己知道什么和不知道什么的信息。

（二）两种类型的反馈

1. 单纯的表扬与批评都不利于学习者的发展

哈蒂总结了大量关于表扬的研究，他认为有充足的证据表明表扬会削弱学习。表扬的最大问题是它会干扰和稀释关于任务的信息。像大多数人一样，学习者更容易回想起表扬，而减少对有用信息的关注。其次，表扬可能会引发学习者的反向诠释——一些学习者会把表扬理解为自己缺乏能力或者教师对他们期望太低，因为教师更倾向于表扬成绩一般或不好的学生，以鼓励和增强他们的自信。即便是对努力的表扬，也可能会造成伤害，因为一些学生会认为只有智商或天赋不高才需要更加努力。最后，过度的表扬会让学习者产生一种被表扬的预期，而这会降低学习者尝试有挑战性的任务的意愿，因为如果他们犯错或者遭遇失败，他们就面临得不到表扬的风险。

同样，批评也可能会导致消极的自我概念，因为它不是针对学习材料，或者学习者可能会犯的任何错误，而是针对学习者的人格。但无论是表扬还是批评，在本质上都是一种行为主义的反馈方式，即利用学习者趋利避害的行为倾向来产生作用，而这会导致一种不可取的状态，即内在动机的降低和外在动机相应的提升——这意味着学习者必须依赖外在的奖励、监督或惩罚才能学习，因而不利于培养自主的、有内驱力的学习者。

2. 反馈要与学习者所处的水平相匹配

任务、过程和自我调节层面上的反馈都与学习者的表现有关。这些层面的反馈总是更有效的，但程度会因学习者所处的学习阶段而有所不同。综合地运用三个层面的反馈能够更有力地推动学习者的学习水平向上发展。

任务层面的反馈是最为常见的反馈，它涉及向学习者提供有关其学习成果的信息，比如学习者是否完成任务、其答案是否正确等，也通常被称为"纠正性反馈"。当纠正性反馈能够帮助学习者拒绝错误的假设，并为搜索和策略化提供线索时，它会更有力。但任务层面的反馈有两个缺点：一是它通常针对特定的任务和情境，很难推广或迁移到其他任务（Thompson, 1998）；二是如果反馈过多地聚焦于任务层面，学生就可能只关注到眼前的目标，更多地采取试误的策略，而不去探讨达成目标的更高阶的策略。

过程层面的反馈涉及向学习者提供以何种过程或策略完成学习任务的信息。当学习者在尝试完成任务或实现目标时遇到了障碍，有效的反馈需要在识别错误、重新评估和选择策略、在不同想法之间建立联系，乃至调整计划或目标等过程上给予学习者帮助。教师可以通过提问为学生提供策略上的暗示或线索，使学习者更有可能发展深层理解。

自我调节层面的反馈提供的是学习者自身以何种机制调节学习的信息，涉及投入、控制和自信等方面。此类反馈通常以反思性或探索性的问题出现，可以针对学习者在何时、何地、为何运用特定的知识、方法和策略，以及这些做法的有效性进行提问，引导学生正确完成某个环节并且思考如何能够做得更好。这种类型的反馈也使学习者清楚地知道他们如何自我调节学习的过程和结果。

哈蒂的洞见在于这三个层面的反馈的有效性取决于学习者在学习周期中所处的位置。从新手到专家，学习者经历了表层学习、深层学习和迁移学习三个阶段。当学习者处于表层学习阶段时，他会在基本的知识、概念和事实上投入大量时间，这时候他首先需要知道自己表现如何，在哪些地方犯错了，因此任务层面的反馈更有效。但当学习者掌握表层知识以后，他开始将不同的概念关联起来，形成思维的框架，过程层面的反馈能够为学习者提供更多备选的策略，降低学习者的认知负荷，促进其深层学习。在迁移学习阶段，学习者把掌握的知识和概念拓展到其他情境或领域，他需要自主地管理和掌控自己的学习，因此自我调节层面的反馈会更有价值（彭正梅，伍绍杨，邓莉，2019）。

哈蒂强调教师提供的反馈应该适合或略微高于学生当前的学习水平，给学生带来他们尚未察觉的信息。在现实中，每个学生都以新手的身份进入课堂，因此反馈可以从任务层面开始，每个学生都可以在从任务反馈到过程反馈，再到自我调节反馈的过程中受益。

（三）重要的不仅是反馈的内容，还有反馈发生在什么样的社会情境中

上述模型主要聚焦于教师传达给学习者的反馈，但在随后的一些研究中，哈蒂指出要最大限度地发挥反馈的作用，我们必须考虑到学习者自身的因素，以及学习的情境性和社会性因素，从而为传递和接收反馈建立最优的框架。

只有当反馈被学习者所接收时，它才能产生作用。对于学习者而言，成长

型思维、对目标的投入和自我评价等方面都会影响学习者是否能够以准确的方式接收和解读反馈，这些品质也可以被视为"反馈素养"的一部分。

"成长型思维"是由卡罗尔·德韦克（Carol Dweck）提出的。具有成长型思维的人相信自己的能力具有可塑性，并且可以依靠自身的努力、投入和适当的策略而得到发展，因此更有可能寻求和回应他人的反馈；反之，固定型思维使人相信自己的能力不会发生改变，因而更有可能将他人的反馈错误地解读为对自身的威胁或贬低。

对目标的投入也会影响学习者对反馈的认知。当我们渴望达成某个目标时，反馈更有可能被视为一种积极的支持和帮助；反之，当我们被迫或不得不完成某个任务时，反馈则更有可能被视为一种消极的、吹毛求疵的行为（Van-Dijk & Kluger, 2001）。

自我评价或元认知，有时候也被称为学习者的"内部反馈"，通常是指学习者通过一系列自我监控的过程评估和审视自己的能力、知识水平和认知策略。只有当外部反馈与学习者的自我评价相匹配时，外部反馈才更有可能被接纳。

当学生接收到反馈时，他们可能会做以下四件事的其中一件：改变行为，改变目标，放弃目标，或者拒绝反馈（Kluger & DeNisi, 1996）。最理想的状况是学习者改变行为或追求更高的目标，然而学习的情境性和社会性因素会直接影响学习者的选择。首先，建立积极的师生关系是有效反馈的前提条件。缺乏良好的师生关系，学生就很可能选择不"聆听"。有研究表明，五分之一的学生会不假思索地拒绝教师的反馈，因为他们没有与教师建立良好的关系。其次，在学生眼中，教师需要是可信的。教师应该真诚、中立地告知学生他们的真实表现。然而在现实中，为了避免打击学生，一些教师可能会使用一种"经过修饰的反馈"，即在给予纠正性或建设性反馈之前或之后对学生予以表扬。这不仅会掩盖有用的反馈信息，而且会削弱教师的可信度。当学生认为教师不可信时，他就不太可能以一种认真的态度对待教师的反馈。

教师应当营造一种欢迎错误的课堂文化。犯错是给予反馈的好时机，神经科学研究表明，当我们犯错时，大脑会接收到更多的信号并进行信息加工。然而，在传统的理解中，错误通常被视为一件令人感到羞愧的事情，需要弥补或者抹除。为避免社交尴尬或保护自尊不受伤害，学生可能会减少寻求反馈和帮助的行为。营造"错误友好型课堂"，让课堂成为一个无风险的地带，这是确保反馈能够促进学习的重要条件。

三、那么，我们在课堂中要如何使用反馈?

上述反馈模型探讨了反馈的本质和内容，以及使反馈产生作用的条件。然而，在教学实践中，反馈呈现出更复杂的维度：一是反馈的时机，即反馈出现在学习周期中的哪个时刻；二是反馈的互动结构，即反馈互动的参与者是谁，以及反馈面向的是学生个体还是整个班级；三是反馈的媒介，即反馈是通过口头语言、书面文字，还是利用技术手段呈现出来。图 0.1 展示了学习周期的每个阶段可能采取的反馈形式、结构和策略。

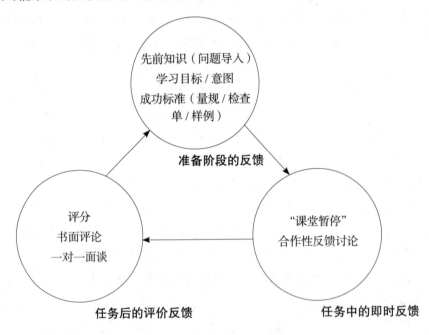

图 0.1　每个学习阶段的反馈

（一）把握反馈的时机

所有学生，不管他们的学业成就处于哪个水平，在开启新的学习时，至少需要反复进行三到五次，才有比较大的概率掌握新的知识和技能（Nuthall & Alton-Lee, 1997）。在这段学习旅程中，教师应该让学生有机会获得多种经验和反馈。

1. 准备阶段的反馈

在学习的准备阶段或任务开始前，教师需要做的事情是了解学生当前的理解水平，唤起学习者的先前经验，并为将要开始的学习设定目标和成功标准。在这个阶段，反馈的要素包括：（1）利用问题导入揭示学生已经知道什么。这让教师有机会聆听来自学生的关于他们知道或不知道什么的反馈，并根据学生的反馈对教学计划做出即时的调整，把更多的时间用在学生尚未理解或掌握的内容上。（2）设定学习意图和成功标准。这是哈蒂所说的"正馈"，目的是告知学生他们要达成什么目标，以及成功或良好的表现是什么样子的。哈蒂认为学习意图可以是封闭性的（比如使用定语从句）或开放性的（比如议论文写作）。相应地，成功标准可以是由强制性要素构成的，有明确的步骤和规则，所有学生都能达到同等水平；也可以是由可能性要素构成的，包括有助于实现学习意图的各种可能的途径和工具，但并非所有学生都能达到同一水平。教师可以预先设计学习意图和成功标准，但在有需要时须做出及时调整，它们可以为师生后续的讨论提供一种共同的"学习语言"。

2. 任务中的即时反馈

当学生参与学习任务时，向他们提供即时的反馈是最为有力的，这是因为学生仍然身处学习的情境中，反馈可以直接引起行为和策略的改变。很多教师习惯在教室里不断走动，并向学生提问或给予反馈，但反馈本身很少被视为一个常规的课堂环节。因此，哈蒂的建议是把反馈进一步正式化，使之成为一个结构化的课堂活动。

第一种类型的活动是"课堂暂停"——就像是在球赛中，当球员表现不佳或需要做出调整时，教练员会叫"暂停"。在学习任务进行的过程中，教师也可以让学生"暂停"一下，具体的流程可以是：教师随机挑选学生的作业或作品，把它投影在屏幕上；接下来，让学生先观察一下，然后讨论哪些地方达到了成功标准，哪些地方仍有所欠缺；最后，师生一起探讨，并给出具体的改进建议。课堂暂停是由教师主导的反馈活动，关键是教师最初需要向学生示范如何分析和修改他们的作品，当学生将这种思维模式内化以后，教师可以让学生先自我审视和修改，从而确保反馈能够指向学生无法发现的地方（Costa & Garmston, 2017）。

另一种类型的活动是由学习者主导的"合作性反馈讨论"。同伴评分或者同伴评价的一种常见形式是学生交换作品或作业进行批改或评论，但这种方式的缺点是同伴之间缺乏即时的对话，这使得大多数评论都是肤浅的，无法带来很多帮助。合作性反馈讨论是由两位学生一起依次阅读和讨论他们其中一位的作品或作业，并决定哪里做得好，给好的部分打上标记，然后再谈论如何改进。同伴之间可能会有不同的意见，但最重要的是给出充分的理由。在整个过程里，作品的作者用不同颜色的笔在本子上的空白处进行修改，并对如何修改拥有最终决定权。这样做的好处是让同伴反馈聚焦于实质的改进，而不只是给出空泛的评论。

3. 任务后的评价反馈

当反馈出现在学习任务结束以后，其价值就会大为降低。但现实是教师每天都会投入大量时间用于课后反馈，比如为学生的作业、作品或考卷评分和写评语。这是难以避免的，因为教师在课堂的短暂时间中难以细致地顾及每一位学生，直到课后，教师才有机会更全面地了解学生的情况。哈蒂的建议是教师应该减少使用评分的频率，更多地采用有信息量的书面评论或一对一面谈。

评分是一种总结性反馈，当一个主题、任务或项目结束时，它可以提供对一个学生的表现是否达到预期标准的判断。然而，这种反馈并不包含改进的建议或"下一步做什么"的前馈信息，因此很难实现积极的效果，而且当学生把分数用于与其他人做比较时，他们接收的更多是一种自我层面的反馈，甚至会损害学生的学习。同理，除非教师的书面评论能够提供前馈的信息，否则也不会产生很大的作用。与评分或书面评论相比，一对一面谈是一种更直接有效的方式，3 到 5 分钟的交谈就能传递大量信息，并且对师生关系有很大的增进作用——因为学生感到自己被重视，所以会格外珍惜这些时间。

（二）反馈的互动结构：促进师生间与同伴间的对话

反馈通常被视为教师帮助学习者的工具，教师应该尽可能地向学生提供详细且全面的反馈。尽管这很重要，但相比于教师提供了多少反馈，更重要的是学生接收到什么。这一切都指向一个相反的方向，即教师同样需要从学习者那里获得反馈。无论是学习者的自我评价，还是教师的反馈，都只是对学生真实表现的一种主观诠释，因此，自我评价与外部反馈之间的差异是普遍存在的，而消除这一差异的唯一途径就是展开对话。教师需要从学习者那里获取反馈，了解学习者如何看待自己的表现，了解其在目标、内容、方法和媒介等方面所做的教学决策是否产生了预期效果，以规划接下来的教学。如果教师仅凭自己的印象或预设去教学，他就很可能做出错误的判断，并且会导致学生对教师的不信任。

反馈对话的一个很好的开始是共同设定成功标准。比如教师可以通过书面或已完成作品的形式，展示使用特定技能或知识的范例，然后让学生进行同伴讨论，每次识别一个特征，最后教师将学生提出的这些特征汇总起来。在任务进行时，教师可以运用出声思考的策略来示范如何运用特定的技能，比如在讲授如何解决某类题目时，教师可以将整个思考过程用语言表达出来，并反复地问学生"我刚做了什么？"，帮助学生识别这些技能的步骤或要素，同时提醒学生要避免的错误。在课结束时，教师可以使用"结课卡"来收集学生对课堂的意见——他们是否达到目标、是否理解主要内容、方法是否可行、媒介是否有用，这些信息为教师评价自己的影响力提供了证据。

同伴反馈是另一种很有力的互动结构。相对于教师提供的反馈，同伴反馈能够展现出以下优势：一是同伴反馈是低利害的，因而同伴之间更有可能给予关于学习差距的真实信息，并且这些信息也更有可能被接受（Ladyshewsky，2010）；二是同伴能够对个体的表现进行更细致的观察，能够提供更加个性化的帮助；三是同伴反馈有助于认知精加工，向他人解释有助于学生更清晰地思考和巩固他们自己的理解（Slavin, Hurley & Chamberlain, 2012）。然而，令人诧异的是，一些研究表明学习者提供的大部分反馈都是不准确的或者是肤浅的（Nuthall, 2007）。大多数学习者缺乏给予精准反馈的知识水平和技能。当学习者掌握了基本的知识概念，并且开始探讨概念之间的关系和拓展他们的思维时，同伴反馈是更有效的。更重要的是，提供反馈本身涉及多种技能，比如有效聆听和清晰表达，这些都需要投入大量时间去练习。

（三）反馈的媒介：网络时代如何传达反馈

口头或书面语言是传统的反馈传递方式。相对于书面反馈，口头反馈能够引起学习者即时的改变，并且能够产生情感上的联系；书面反馈的优势在于学习者有机会重复阅读，从而提供更大的反思空间，这有助于培养学习者的自我评估和自我调节的能力。但无论是口头还是书面反馈，都需要学习者拥有寻求和运用反馈的心智框架和倾向，这表明媒介在反馈实践中并不起决定性的作用。

在当前远程学习可能会成为一种新常态的背景下，教师和学生的反馈实践面临更多的挑战，比如教师无法观察学生的课堂表现并给予即时反馈，此时技术将发挥更大的作用。在"可见的学习"研究中，效应量最高的两种数字技术都与反馈有较大的联系，分别是互动性视频（效应量为 0.54）和智能辅导系统

（效应量为 0.51）。互动性视频是在知识讲解的视频中穿插一些互动性的要素，比如呈现一些问题，并且根据学习者的回答情况触发不同的事件。这种技术模拟了一种真实面对面的课堂场景——教师在讲授知识的过程中不断穿插促进理解的问题，然后给出合适的反馈。在未来，互动性视频还可以结合虚拟现实技术，提供一种自由度更高、趣味性更强的沉浸式学习体验。智能辅导系统的最大特征就是运用学习分析学、人工智能技术为学习者规划合适的学习路线，对学习者的表现做出智能诊断，并且给出即时的反馈和提示。

尽管计算机、平板电脑和社交媒体为传递反馈提供了新的媒介，但需要强调的是，即便在远程学习的场景中，反馈的本质仍然没有发生变化，有效反馈的模型和原则依然适用于这些新工具的设计。互动性视频、智能辅导系统等技术通常由专门的内容生产者来提供，被用于商业用途，教师的角色实质上是被弱化的。就目前而言，这些技术所能提供的大多是任务层面的反馈，缺乏过程和自我调节层面的反馈，因而难以促进学习者的深层学习，这是需要专业教育者去弥补的。其中一种策略是教师利用视频或语音录制的功能，模拟在面对面环境下提供的口头反馈，为学习者提供更多自我调节和情感方面的支持。

四、结语

在特定意义上，有效反馈的本质是对话与理解：一方面，反馈有时候能够产生很大影响，这是因为这样一种对话把真正有价值的信息传递给了学习者，并且使学习者的行为发生了改变；但另一方面，反馈有时候几乎没有影响，甚至会有反作用，这是因为我们有时候会拒绝对话、拒绝听取他人的意见，或者会误解他人的话。这都表明在反馈的对话中，真诚、包容和尊重有多么重要！

因此，尽管《可见的学习：反馈的力量》提供了很多如何使用反馈的实用策略，但要使反馈真正在教学实践中发挥效用，仍然有赖于教师与学生建立良好的关系，以及运用自己的教育智慧和临场应变能力。

参考文献

彭正梅, 伍绍杨, 邓莉 . (2019). 如何培养高阶能力——哈蒂"可见的学习"的视角 . *教育研究* , *40*(5), pp.76–85.

Carless, D. and Boud, D. (2018). 'The development of student feedback literacy: Enabling uptake of feedback', *Assessment & Evaluation in Higher Education, 43*(8), pp.1315–1325.

Costa, A. L. and Garmston, R. (2017). 'A feedback perspective', in I. Wallace and L. Kirkman (Eds.), *Best of the best: Feedback*. Carmarthen, Wales: Crown House Publishing, pp.19–28.

Hattie, J. (2009). *Visible learning: A synthesis of over 800 meta-analyses relating to achievement*. Oxford: Routledge.

Hattie, J. (2012). *Visible learning for teachers: Maximizing impact on learning*. Oxford: Routledge.

Hattie, J. and Timperley, H. (2007). 'The power of feedback', *Review of Educational Research, 77*(1), pp.81–112.

Hattie, J. and Zierer, K. (2019). *Visible learning insights*. Oxford: Routledge.

Kluger, A. N. and DeNisi, A. S. (1996). 'The effects of feedback interventions on performance: A historical review, a meta-analysis, and a preliminary feedback intervention theory', *Psychological Bulletin, 119*(2), pp.254–284.

Kulhavy, R. W. and Wager, W. (1993). 'Feedback in programmed instruction: Historical context and implications for practice', in J. V. Dempsey and G. C. Sales (Eds.). *Interactive Instruction and Feedback*. Englewood Cliffs: Educational Technology Publications, pp.3–20.

Ladyshewsky, R. K. (2010). 'The manager as coach as a driver of organizational development', *Leadership & Organization Development Journal, 31*(4), pp.292–306.

Nuthall, G. A. (2007). *The hidden lives of learners*. Wellington: NZCER Press.

Nuthall, G. A. and Alton-Lee, A. G. (1997). *Understanding learning in the classroom*. Report to the Ministry of Education. Understanding Learning and Teaching Project 3. Wellington: Ministry of Education.

Nicol, D. (2010). 'From monologue to dialogue: Improving written feedback processes in mass higher education', *Assessment & Evaluation in Higher Education, 35*(5), pp. 501–517.

Ramaprasad, A. (1983). 'On the definition of feedback', *Behavioral Science, 28*(1), pp. 4–13.

Sadler, D. R. (1989). 'Formative assessment and the design of instructional systems', *Instructional Science, 18*(2), pp. 119–144.

Schunk, D. H. and Ertmer, P. A. (1999). 'Self-regulatory processes during computer skill acquisition: Goal and self-evaluative influences', *Journal of Educational Psychology, 91*(2), pp. 251–260.

Slavin, R. E., Hurley, E. A. and Chamberlain, A. (2012). 'Cooperative learning and achievement: Theory and research', in I. B. Weiner, W. M. Reynolds and G. E. Miller (Eds.). *Handbook of Psychology (vol. 7)*, 2 ed. Hoboken, NJ: John Wiley & Sons. pp. 179–198.

Thompson, W. B. (1998). 'Metamemory accuracy: Effects of feedback and the stability of individual differences', *The American Journal of Psychology, 111*(1), pp.33–42.

Van-Dijk, D. and Kluger, A. N. (2001). 'Goal orientation versus self-regulation: Different labels or different constructs', in 16th Annual Convention of the Society for Industrial and Organizational Psychology, San Diego, CA.

Voerman, L., Meijer, P. C., Korthagen, F. A. and Simons, R. J. (2012). 'Types and frequencies of feedback interventions in classroom interaction in secondary education', *Teaching and Teacher Education, 28*(8), pp. 1107–1115.

目　录

作者简介

约翰·哈蒂

在进入学术研究领域之前，约翰·哈蒂当过小学和中学教师，由此开启了他的职业生涯。他的博士专业是测量与统计学，在职业生涯的大部分时间里，他都在运用测量与统计方法去更好地回应教育问题。他曾在新英格兰大学、西澳大利亚大学、北卡罗来纳大学以及奥克兰大学工作，现在就职于墨尔本大学。

约翰·哈蒂是墨尔本大学荣誉教授，学习科学研究中心联合主任。他是澳大利亚教师与学校领导力中心主席，杜伦大学和奥克兰大学名誉教授。他是国际测试委员会的前任主席，《英国教育心理学与自然杂志：学习科学》的副主编，并且是 28 种学术期刊的编委会成员。

他指导过 200 多名学生完成毕业论文（这是他最为自豪的一点），并且发表了超过 1000 篇论文。他的兴趣爱好是收集元分析，目的是评估不同干预措施的相对影响力。这项爱好带来的成果是在 2009 年出版的《可见的学习》以及迄今为止的 14 本相关著作，及其 24 种语言的翻译版本，还有在世界各地开设的工作坊，以及一种想要更深入地理解最重要的影响因素背后的故事的使命感。

2001 年 9 月，他在英国曼彻斯特遇到了雪莉·克拉克。雪莉将学术研究成果转化成教师易于使用的书籍的能力给他留下了深刻印象，他请求与她一起合作：合作的成果是在新西兰出版了一本关于形成性评价的畅销书。雪莉对他的稿件的评论深化了他的主张和论证，使他获益良多，最终使本书得以完成。

雪莉·克拉克

雪莉·克拉克是一位国际知名的形成性评价专家。她每年都与教师团队合作，联系最新的研究发现，评估各种形成性评价策略的有效性，以改进形成性评价的实践应用。她的很多出版物和讲座，使全世界的教师能够接触到研究的成果以及经过实践检验的策略。她的工作对英国以及其他国家的学校实践都产生了重要影响。

她原先是英格兰的小学教师，后来成为一位数学教学顾问、出题人，又成为伦敦大学学院教育学院的一位学者。在这期间，她主持了多个国家级研究项目，研究考试对教师和学生的影响。她在 2007 年被授予荣誉博士学位。

她的出版物及其各语言版本，在世界各地的学校畅销不衰，因为它们以一种经过测试、检验和易用的方式将研究与实践结合在一起。另外，她还通过录制教师教学的视频来为教师提供支持，在她的网络视频平台（www.shirleyclarke-education.org）上有 140 个高质量视频。观察卓越教师如何运用形成性评价，是交流和传递其影响力及用途的有力途径。

2001 年，雪莉的著作《解密形成性评价》的新西兰版本出版，这是她与约翰·哈蒂的首次合作。在本书中，他们再度合作，将"可见的学习"与有关反馈的研究发现、实践策略和卓越的实践案例联系起来。

致　谢

　　相隔一万七千公里的两人合著一本书是一件有趣的事——这使写作得到升华。这会导致持续的争论，使少有的面对面会谈（晚餐）变得妙趣横生。这本书有一个漫长的酝酿期——早在很多年前，我们就都认为反馈是促进学生和教师学习的决定性因素。但它是那么变化多端。为什么三分之一的反馈是消极的？为什么同样的反馈在某些情境中是强有力的，在另外一些情境中却是令人分心的？我们都在探索这些概念——不论是在研究中，在实验室里，还是在课堂上。我们都建立了模型和理论，我们都从研究走向实践，再从实践返回理论研究。很多人提出了批评、质疑、想法和建议。在 15 年的合作以后，我们才有自信动笔。

　　我感谢那些在不同大学与我一起工作过的同事、我现在的博士生、"可见的学习"在世界各地的合作伙伴［认知教育：科温（Corwin）。挑战性学习：欧西里斯（Osiris）、玄武岩（Bazalt）、翁德韦斯－阿德威斯教育咨询（Onderwijs-Advies）。］，以及很多给我发电子邮件提供建设性意见的人。尤其是卢克·曼杜瓦（Luke Mandouit）、坎·布鲁克斯（Cam Brookes）和马克·甘（Mark Gan），他们使我的想法变得更加清晰。

　　我与珍妮特（Janet）在一起超过 30 年了，她仍然是我最好的评论家、反馈者和一生的挚爱。她最伟大的技能包括耐心、爱、刚毅和幽默，我一生中最美妙的事就是遇见了她，还有我的家庭：乔尔（Joel）、凯特（Kat）、凯尔（Kyle）、杰西（Jess）、基兰（Kieran）、阿莱莎（Alesha）、埃德娜（Edna）、帕特森（Patterson）和孙女艾玛（Emma）。

　　我们感谢劳特里奇（Routledge）的团队，尤其是布鲁斯·罗伯茨（Bruce Roberts）。他为很多本"可见的学习"著作审稿，确保它们得到良好的校订和呈现。他已经是一位多年的朋友。

约翰·哈蒂

　　我感谢与我一路走来的同事们，他们给了我机会去主持伦敦大学学院教育学院的国家级研究项目，看到了研究结合实践的价值（这在 20 世纪 90 年代是一件非常罕见的事情），尤其是卡罗琳·吉普斯（Caroline Gipps）、彼得·莫蒂默（Peter Mortimore）、丹尼斯·劳顿（Denis Lawton）和芭芭拉·麦克吉尔克里斯特（Barbara MacGilchrist）。特别感谢查斯·奈特（Chas Knight），他是到目前为止我所有著作的"把关"编辑，这些著作的易读与受欢迎有很大一部分归功于他的卓越以及他对我想要实现什么的理解。

　　我目前与很多学校和教师团队在试验形成性评价的策略。我想感谢西姆斯·吉本斯（Seamus Gibbons）和加里·威尔基（Gary Wilkie）。他们从年轻的教师成长为卓越的学校领导者，他们与我一起合作，一路走来提供了很多关于在现实世界中运用形成性评价的真知灼见。还有东肯塔基大学的基姆·蔡德勒（Kim Zeidler），她为她的学生购买了 1000 本我最新出版的著作。她如此确信形成性评价的力量，并邀请我与那里的教师一起合作。我后来学到的关于美国学校本质的知识，以及在威斯康星与教育者们的两年共事，开阔了我的眼界。

　　感谢世界各地所有为本书提供了优秀的反馈实践案例的教育者们。这些实践案例使研究有了生机，使其他很多教师能够将理论运用到实践中。

　　特别感谢迪伦·威廉（Dylan Wiliam），他是形成性评价的大师，为本书提供了非常有用的建议。

　　我的丈夫约翰（John）总是对我的工作给予热诚的支持，非常感谢他无微不至地提供支持、爱，还有耐心。

　　最后，我必须感谢约翰·哈蒂，他邀请我与他合著一本书是无上的荣誉。非常荣幸能够与我们时代最伟大的教育家之一合作，他对结合我们的能力的渴望印证了我一直以来的信念：当研究遇上课堂实践时，你才会获得最大的影响力——无论是对教学，对学习，还是对未来生活而言。

雪莉·克拉克

　　注：我们在整本书中加入了大量实践案例。尽管我们提出的论证是一般性的，适用于教育的所有阶段，但我们必须决定如何使内容对所有读者都易于理解。因此，我们采用了更多小学阶段的例子，而初中或高中阶段的例子较少，所以读者无需更多的学科专业知识就能够完全明白这些论证。

效应量

　　约翰·哈蒂的"可见的学习"基于他持续地对关于影响学习的各种因素的元分析进行综合。每一种影响学习的因素都有一个经过仔细计算得出的效应量，250余个影响因素的平均值是0.4。效应量越高，积极的影响越大；效应量越低，积极的影响越小。

第1章　什么是反馈?

这一章总结了教育者和学者的反馈思维的本质及发展的关键点，为本书其余部分探索相关议题打下基础。后续章节与教师和学生在日常课堂教学中的生活密切相关，包括文化、学习策略、课堂反馈和课后反馈。

我们向上千名教师询问了一个简短的问题：你所说的反馈是什么意思？以下是 10 种主要的典型解释。

> 评语——点评你做某事的方式。
>
> 澄清——回答学生在课堂上的提问。
>
> 批评——当你被给予建设性的批评时。
>
> 肯定——当你被告知你做得正确时。
>
> 内容建构——对点评进行提问。
>
> 建设性反思——对某人的作业提出积极和建设性的反思。
>
> 纠正——指出你做的事是正确的或者错误的，这对你有所帮助。
>
> 优劣——某人告诉你作业中的优点和缺点。
>
> 评论——他们评论我的作业。
>
> 标准——与标准相关。

我们也问了很多学生同样的问题，至今得到他们最多的回答是：反馈使我知道下一步该怎么做。当反馈更多地是关于上面的"10C"[①]时，学生通常会说他没有收到任何反馈。有些指导，有些"下一步该怎么办"式的反馈虽然也是以"10C"为基础的，但可能更加有力，因为它们有助于为"下一步怎么做"的原因辩护。本书的焦点是确保提供有关"下一步该怎么办"的反馈。

---

① 　灰色框中 10 个关键词的英文首字母都是 C，因而简称为"10C"。——译注

评分的历史

不久之前，"反馈"这个词还很少被使用。在美国，人们之前用"grading"这个词，并且至今仍然经常使用，它被认为是对学生的作业或学习给予某种回应的最传统的方式。在英国和其他国家，"marking"被用来描述评分、点评，或两者皆有。这种类型的反馈主要是总结性的、从教师到学生单向的。这并不是说形成性的、口头的、即时的、从学生到教师的和学生之间的反馈没有发生，但这些反馈的重要性没有被放在突出的地位。

评分曾在不同的研究中受到激烈的批评。比如，在鲁斯·巴特勒（Ruth Butler, 1988）著名的研究中，学生分别被给予：（1）分数；（2）仅仅是评语；（3）分数和评语。研究发现，仅仅被给予评语的学生比其他两组学生获得了更大的进步（通过考试结果测量）。对学生的访谈显示，当积极的评语与分数一起给出时，他们会忽略评语以及关于他们表现如何的话语，而更加看重分数。他们还认为积极的评语是教师讨他们欢喜的手段。分数使学生形成一种关于自我的思维模式，而不是关于任务的思维模式。分数通常告诉学生"任务已经完成了"。我们千万不可将评分混淆成反馈。

随着只包含评语的反馈变得越来越常见，下一步就是确保评语足够有针对性，以带来真正的变化。英国教育标准局（Office for Standards in Education, Children's Services and Skills, Ofsted）（督学机构）在 1996 年对英格兰学校的建议是：

> 评分通常会引发争议，但同时也无法对如何做得更好提供指导。在相当一部分情况下，评分由于过于宽泛或者目的不明确而使学业表现不佳和低于预期的情况增加。

这里传达的重要信息是，最有价值的反馈关注的是帮助学生提高。如果评语不能提供"下一步怎么做"和"如何做得更好"的信息，那么评分会是唯一有价值的指标；但如果评分没有提供任何其他信息，它就不能为目前或未来的改进提供任何可以凭靠的理解。

教师们通常会在下课以后才给学生打分、写评语，或者把两件事都放在课后做，它们被视为最重要的和大多数人预期获得的反馈类型。研究还发现，如果教师给予了反馈评语，却没有留给学生时间去阅读评语，没有给他们机会去运用评语改善自己的表现，或者评语难以辨认或理解，那么大多数情况下学生都会忽略这些评语，除非评语要求学生予以回应（例如，Clarke, 2001）。

反馈的时机

纳托尔和奥尔顿 – 李（Nuthall & Alton-Lee, 1997）发现，所有学生，不管他们的学业成就处于哪个水平，在开启新的学习时，至少需要反复三到五次，才有比较高的概率掌握它们。

> 我们的数据并不支持低成就者需要更多的教学的观点。一个关键的必要条件是所有学生都需要获得可观的机会。
>
> （Nuthall & Alton-Lee, 1997）

在学习和参与的多次机会中，教师要提供反馈，以优化学生对内容的理解。教师要为以下事情做好规划：辨别、探索并挑战学生的错误概念，澄清它们与学生先前经验的联系，并且提供多种机会和支架，使其与新信息建立联系——这是有效反馈的本质。纳托尔尤其强调学生在任务中需要的不仅是重复的试错，而且必须有不时介入的反馈。重复做相同的事情（犯同样的错误）只会导致过度学习错误的东西。我们也不应该只是让学生对相同的教学有更多的经验，而是应该让学生在三到五次互动中获得多种经验和反馈。

反馈中的重要因素

哈蒂和廷伯利（Hattie & Timperley, 2007）将反馈定义为由某一主体（比如教师、同伴、书籍、父母、互联网或经验）提供关于某人的表现或理解等方面信息的行为或信息本身。

反馈是与任务相关的信息，它填补了学习者已经理解的事情与其想要理解的事情之间的差距。它能够使学习者付出更大的努力、产生更强的动机或更加投入地缩小现状与目标之间的差距；它能够促使学习者寻找理解材料的其他策略；它能够帮助学习者确认他们是正确的还是错误的，或者他们在多大程度上达到了目标；它能够提示学习者可以获取更多的信息或者需要更多的信息；它能够指明学习者可能跟进的方向；最终，它会带来理解的重构。罗伊斯·萨德勒（Royce Sadler, 1989）在其开创性的论文中提出了"反馈"的概念，即反馈是弥补学生现有水平和目标水平之间差距的信息：

> 学习者必须（a）拥有关于其要达成标准（或者目标，或者参考水平）的概念；（b）将实际（或者现有）表现水平与标准进行比较；（c）采取恰当的行动缩小差距。

从"反馈"成为教学术语的那一刻起，课堂内各方的言语反馈发挥多大作用，如何安排课后反馈以及提供多少反馈，这些问题就成为并且至今仍然是人们关注的焦点。研究发现使如何界定"反馈"的范围成了一个不容忽视的问题。

特里·克鲁克斯（Terry Crooks, 2001）认为宽泛的、无意义的评论（比如，"继续努力"）并不是对学生的反馈，他揭示了最有效的反馈内容。

反馈聚焦于以下方面能够最大限度地增强学习动机：

- 儿童表现（作业或作品）的质量，而不是将其与其他孩子做比较；
- 通过哪些具体方式，他的表现能够得到改进；
- 与其之前的表现相比，他取得了哪些进步。

所有这些都需要在一种高度信任和低焦虑水平的氛围中进行。关注儿童的自我效能感和自尊，使用外部奖励和激发其他形式的内部动机，这些议题都与特定类型的反馈相关。

> 当目标是明确且有挑战性的，但任务的复杂性较低时，反馈是最有效的。对完成任务予以表扬似乎是无效的。当反馈被认为对个体自尊的威胁较小时，反馈是更加有效的。
>
> （Kluger & DeNisi, 1996）

不管反馈的目的是什么，深究学生的理解，搞明白他们真正的想法，这是所有反馈的出发点。因为只有在此之后，反馈才能被恰当地建构以提供建议。

　　当我完成了对有关学业成就的所有可能的影响因素的 134 个元分析的第一次综合以后，我很快就发现反馈是影响学业成就的最积极的因素之一……。我曾经错误地将反馈视为教师提供给学生的东西。我发现，当反馈从学生传递给教师时是最有力的：他们知道什么，他们理解什么，他们在哪里出错了，他们什么时候出现错误的概念，他们什么时候分心——这样，教学和学习就能步调一致并且卓有成效。对教师的反馈使学习可见。（反馈的效应量是 0.73。）

（Hattie, 2012）

　　反馈有很多作用，尽管其有效性有所差异：强化成功，更正错误，揭示错误概念，指出特定的进步，提供未来的改进建议，表扬、惩罚或奖励。谁提供反馈，反馈与任务相关还是与自我相关，反馈是否被接收、如何被接收、对反馈有何回应，这些都是影响其有效性的因素。最后一点尤为重要：我们需要更加关注学生是否接收了反馈、如何接收反馈以及有何回应，因为如果反馈根本没有被接收或理解，那么谈论如何最优化反馈的数量和性质似乎就没有什么意义了。这正是为什么我们在整本书里都强调接收者如何解读反馈，以及反馈如何帮助他们回答"下一步该如何做"或者"这如何能够得到改进"的问题。

　　反馈建立在错误和错误概念之上。如果我们的表现是完美的，那么接收"下一步该如何做"的反馈似乎就毫无意义了——尽管几乎所有的学习都有进步的空间，并且在所有的情况下，知道下一步如何拓展学习都是有价值的。第 3 章更详细地探讨了聚焦于错误和错误概念的反馈的力量。

　　无论是正反馈，还是负反馈，都能够对学习产生有益的效应。要想理清这些效应，我们需要分析反馈针对的是哪个层面，在哪个层面上被加工，以及反馈有效性与学生的自我效能感水平之间的关系。特别是负反馈在自我层面上更加有力，因为它会引发对个体的评价。当反馈与任务相关时，两种类型的反馈都是有效的，但由于努力水平、掌握取向或表现取向以及自我效能感的差异，它们可能会产生不同的效果。

　　教会学生如何接收、解读和运用所提供的反馈，可能远比关注教师提供多少反馈更为重要，因为发出反馈却无人聆听，这是毫无用处的。学生，就像成年人一样，很快就学会了做一个选择性聆听者——反馈通常意味着投入更多去改进，重复做事，以及付出更多的努力。反馈会影响我们对自己工作的信念，影响我们关于质量的判断，并且会有其他成本。反馈的艺术在于将这些成本转换成效益，促进更深层的和更有价值的学习。

最后，反馈需要结合有效的教与学的策略，才能够发挥最大的影响力。有时候，重复教学可能比仅仅提供反馈更有力。正如我们在后续章节中所描述的，单独依靠反馈并不是灵丹妙药，它还需要：

- 能够最大限度地发挥反馈效应的必要的文化氛围。
- 由不同类型的教与学的策略和技巧所构成的结构，从这种结构当中能创造出有效反馈的机会。
- 关于不同类型的课堂反馈的例子和分析。
- 关于课后反馈的例子和分析，包括向校外合作者提供的反馈和由他们提供的反馈。

在总结我们对反馈的所知时，我们必须承认一个最基本的问题——尽管反馈很有力，但它也是最令人捉摸不定的影响因素之一。同样的反馈在某一情境中是有价值的，但在另一个情境中可能是毫无价值的。确实，克卢格和德尼西（Kluger & DeNisi, 1996）指出，三分之一的反馈产生的是负面影响！理解这种多变性是非常关键的，这是为什么很多关于反馈的简单断言都没有多大价值，这一问题贯穿了整本书。

图 1.1 来自澳大利亚一个研究项目所采用的资料"培训教师掌握反馈的力量"（Coaching Teachers in the Power of Feedback）（Brooks, 2017），它总结了一个反馈的循环。

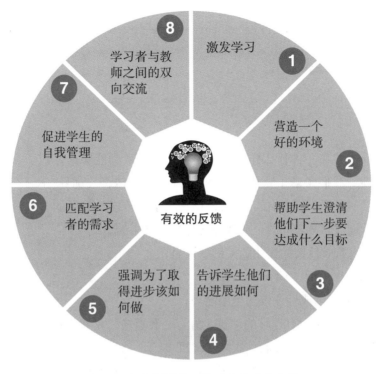

图 1.1　走向促进学习的反馈的八个步骤

要　点

7

- 反馈是影响学习的有力但效应多变的因素。
- 不关注改进的评分或评语会阻碍学习。
- 学生更喜欢即时反馈，但延迟反馈也可能是有益的。
- 先前知识是反馈的出发点。
- 反馈是为了缩小现有水平和理想水平之间的差距。
- 目标应该是明确且有挑战性的，但任务的复杂性应该是较低的。
- 高度的自我效能感和信任是有效反馈的必要条件。
- 学生向教师发出的反馈远比教师向学生发出的反馈重要。
- 当反馈被接收，并且接收者据其做出了行动时，反馈才产生了效果。

第 2 章 反馈的文化

本章描述了在一种什么样的文化中，学生和教师能够最好地学习以及接收和给出反馈。我们考虑了哪些因素最能够使反馈有效，进而使学习有效——无论这种反馈是从教师传递给学生的，还是从学生传递给教师的，或者是学生之间的，或者是教职员之间的，或者是父母参与其中的。

一种促进有效反馈的文化的关键要素是：

■ 反馈处于形成性评价的框架之内。
■ 学习和加深现有理解的动机、好奇心和意愿，是我们希望所有学习者都达到的目标（即技能、倾向和动机）。
■ 植根于有挑战性的思维模式、心智框架、元认知和刻意练习，有一定间隔而不过量的反馈最有效。
■ 将错误看成平常事，欢迎错误是开启新学习的关键。
■ 通过混合能力分组，使学习实现最大限度的平等。
■ 反馈需要与任务相关，而不是与自我相关。
■ 我们需要将激发学习的欲望放在首位，这必须消除发挥消极反馈作用的外部奖励。

1. 反馈处于形成性评价的框架之内

定义

我们固定地运用"formative assessment"这个术语表示"形成性评价"，但我们更愿意将这个概念框架称作"formative evaluation"①。对于"我要达成什么

---

① "assessment"与"evaluation"在教育语境中有细微的差别。"assessment"通常是指对学生的学业成就和表现进行测评，基于测评的结果，教师向学生的父母或者是更广泛的社区报告学生的表现情况；"evaluation"通常是为了改进课程与教学而做出的评价。——译注

目标"，任何测试都可以从形成性（下一个目标是什么？）或总结性（我是如何达成目标的？）的角度去诠释。区别这两个术语的是其所处的"时间"（在过程中还是在结束时）。两种评价都是有价值的，都需要建立在优质的信息之上，并且都能提供有价值的反馈。

布莱克和威廉（Black & Wiliam, 1998b）在他们的文献综述中将反馈定义为形成性评价的关键要素之一。

研究表明，通过评价促进学习取决于五个看似异常简单的关键要素：

■ 向学生提供有效反馈；
■ 学生积极地参与到他们自己的学习中；
■ 根据评价结果调整教学；
■ 承认评价对学生动机和自尊有非常深远的影响，这两者都对学习产生重大的影响；
■ 学生需要能够自我评价，理解如何取得进步。

这些可以被进一步细化为以下方面：

■ 与学生分享学习目标；
■ 让学生参与自我评价；
■ 提供反馈，让学生知道他们下一步该做什么、如何做；
■ 以"每一个学生都能取得进步"这样一种自信作为支撑。

当时发现的阻碍因素包括：

■ 教师倾向于评价作业和展示的质量，而不是学习的质量；
■ 更加关注评分和评级，大多数情况下倾向于降低学生的自尊，而不是提供改进的建议；
■ 非常强调学生之间的比较，使那些不是很成功的学习者感到泄气；
■ 反馈的信息与学习意图和任务的成功标准没有很大的关联；
■ 教师向学生提供的反馈通常是出于课堂管理和社交的目的，而不是为了帮助他们有效地学习。

（Black & Wiliam, 1998b）

实践原则

自从那时起，随着教师在实践中不断地试验这些形成性评价的原则，其在实践中的应用也在不断地改进。从我们的经验来看，令人鼓舞的是，其中很多要素（分享学习意图、共同建构成功标准、同伴评价和诊断性反馈）都已经深深地植根于我们的实践中。但与此同时，令人沮丧的是，尽管不断有证据表明情况已有所改善，但是很多不会促进学习的要素仍旧存在（大部分中学中仍然存在学生之间的排名与比较，过度使用评分仍然是一个显著的现象，学生互相比较的外部奖励仍在使用）。

到 2006 年，威廉进一步精简了这些形成性评价的要素，并且考虑到课堂反馈的必要性和学生间互动的力量：

- 澄清和理解学习意图与成功标准；
- 设计有效的课堂讨论、提问和任务，并且能够从中获取学习的证据；
- 提供能够促使学生进步的反馈；
- 激发学生成为互相教学和学习的资源；
- 激发学生成为自己学习的主人。

2009 年，《可见的学习》（Hattie, 2009）出版了，这是对 800 多项关于学生学业成就的元分析的综合。基于上亿名学生的数据，哈蒂发现 100 多个影响因素的平均效应量是 0.4。在研究中，哈蒂也揭示了形成性评价的作用及其要素的效应量，同时也对其所综合的多项研究进行了解释性的总结。一些要素展示出它们的效力，但研究者也发现能力分组是缺乏价值的（见表 2.1）。

表 2.1　哈蒂所做的有关形成性评价要素的效应量分析结果

形成性评价要素	效应量
反馈	0.73
知道学习意图	0.59

续表

形成性评价要素	效应量
成功标准	0.59
课堂讨论	0.82
师生关系	0.75
能力分组	0.12

如果将哈蒂和廷伯利的反馈模型（Hattie & Timperley, 2007）与布莱克和威廉的形成性评价模型（Black & Wiliam, 2009）相比较（见表 2.2），我们会发现三个类似的核心要素。

表 2.2　哈蒂和廷伯利的反馈模型与布莱克和威廉的形成性评价模型的比较

哈蒂和廷伯利的反馈模型 （Hattie & Timperley，2007）	布莱克和威廉的形成性评价模型 （Black & Wiliam，2009）
我要达到什么目标？	学习者要实现什么目标？
我的进展如何？	学习者目前处于哪一水平？
下一个目标是什么？	如何才能实现目标？

两个模型都运用了萨德勒的"缩小差距"理论所提出的三点（见第 1 章），这源自拉玛普拉萨德（Ramaprasad, 1983）的研究。学生至少有七种可能的"缩小差距"方式。

- 付出更多努力，尤其是当他们付出的努力能够使他们解决更有挑战性的任务，而非仅仅"做得更多"时。
- 放弃目标，从而消除差距，这通常会导致学生不再追求更远大的目标。
- 使目标变得模糊，将它们与其他目标混在一起，这样他们就可以挑选那些能够实现的目标，并忽略其他难以实现的目标。
- 通过设定挑战性较低的目标来改变标准，接受远低于他们能力水平的表现并感到满意。由于设定的目标缺乏挑战性，他们就有更大的可能性实现它。
- 发展有效的错误检查技能，从而产生自我反馈。
- 寻找更好的策略，或者在别人的教导下完成任务。

- 获取更多信息去解决问题，或者运用他们自我管理的能力。

学生也可能会认为反馈是不相关的或者因为缺乏信息而拒绝接收反馈，尽管这样做无助于缩小差距。

教师可以通过多种方式帮助学生缩小或消除差距：

- 提供适当的、有挑战性的和明确的目标或学习意图；
- 澄清目标；
- 促进学生为实现目标做出承诺；
- 改变标准（比如，选择更简单的目标）；
- 营造一种鼓励从尝试和错误中学习的氛围；
- 激励学生实现目标；
- 要求学生付出更大的努力；
- 帮助学生发展自我管理和查找错误的技能；
- 缩窄合理假设的范围［有时可以通过提供正确答案，从而让学生聚焦于学习过程与策略（Sweller, 2016）］；
- 提供更多关于表层信息的反馈，从而建立更深层的理解（比如，长除法的步骤、光合作用的定义）；
- 提供关于学习的自我管理的反馈，尤其是当这个信息与任务密切相关时。（Hattie, Biggs & Purdie, 1996）

2014 年，克拉克的行动研究团队进一步发展了形成性评价的实践原则：

- 教师相信所有学生都能取得进步，知道智力是可以提升的，在课堂上专注于挑战与改进，认为错误预示着新的学习而欢迎犯错，并且理解学习意味着什么。
- 通过让学生参与规划与所要讲授主题相关的教学活动，增强其学习动机和自主性。
- 随机匹配交流或学习的伙伴，并且定时更换，从而使学生能够发展复合型能力。课堂讨论是课堂教学的关键特征，激发学生成为互相学习的资源。

■ 课堂教学从先前知识出发，有效提问贯穿整个课堂，让教师能够感受和
体验到"奥苏贝尔效应"（查明学习者已经知道什么）。

■ 分享学习意图，共同设定相关的成功标准。

■ 根据想要达到的成功标准分析例子，从而展示优秀或良好的作品应该是
什么样的。

■ 通过课中的学习暂停和对仍在完善中的学生作品进行分析，提供课上
反馈。

■ 为取得进步而进行有效的同伴合作讨论。

■ 提供言语或书面形式的反馈，聚焦于如何取得成功和改进特定方面的
建议。

因此，反馈是一套成熟的策略、信念和程序中的一个关键要素，它们互相
之间存在连锁式的重要影响。比如，如果缺乏有效的学习伙伴，学生不可能给
出有效的合作反馈，也不可能成为互相学习的日常资源。如果不能允许对错误
开展有建设性的讨论，缺乏保持较高的自我效能感的思维方式，学生就不太可
能挑战他们自己，也不太可能将犯错视为一件令人兴奋的事。如果缺乏清晰的
学习意图和成功标准，反馈就可能会更加宽泛、不明确，对取得成功和指明改
进方向的帮助就更少，无论这种反馈来自哪一方。如果我们不知道某个活动的
目的，或者不知道成功标准，我们就不会很想参与其中。当学生知道成功意味
着什么时，他们就更有可能成为更加投入的学习者，更努力地应对学习的挑战。

2. 技能、倾向和动机

学习是从表层到深层再到迁移这一过程的结果。只有经历这样的旅程，学
生才能超越既定的信息，掌握学习的能力，将不同概念联系起来，进而能够自
发地有效迁移：知道更多，然后运用这些知识探索概念之间的关系，并将其运
用和拓展到其他概念和情境中，在不知所措时能够知道该怎么做。为了加深我
们对什么促成了良好的学业成就以及有效反馈的理解，思考以下三个要素是很
有帮助的：技能、倾向和动机（Hattie & Donoghue, 2016）。我们可以通过营造
一种高度信任的文化和学会探索来培养这三个要素。

技能

我们需要知道学生将什么带进了教室（关于他们的技能、倾向和动机），然后在此基础上进一步发展——向他们教授自主学习的技能；培养多种学习策略，并且使他们知道运用这些策略的最佳时机；使他们知道如何聚焦和缩窄合理假设的范围，朝向成功标准不断地尝试；激励他们付出更大的努力，尤其是当他们付出的努力能够使他们解决更有挑战性的任务，而非仅仅"做得更多"时；培养有效的错误检查技能，从而产生自我反馈。

倾向

倾向指的是学生所拥有的学习特质。后续章节对此有所讨论。关键是，当学习特质被置于具体情境中处理，而非独立于任务时，是最有效的。

动机

我们需要激励学生实现成功标准；促使他们为实现这些标准付出更多努力；与学生共同设定成功标准，确保这些标准是明确、清晰和有挑战性的。总之，让学生积极地参与到他们的学习中，并且训练他们进行自我评价。

3. 思维模式和心智框架（为学习做好准备）

固定型思维和成长型思维

卡罗尔·德韦克（Carol Dweck）关于固定型思维和成长型思维的研究广为教育者所知，它建立在超过 30 年的关于动机的研究之上。德韦克的研究（Dweck, 2000, 2006）使她相信，人们对自我存在两种思维模式或信念，它们会影响我们如何对待挑战。

固定型思维：相信一个人的能力不会发生改变。

成长型思维：相信通过努力、投入和运用一系列学习策略，一个人的智力、技能和品质可以得到发展。

找到成长型思维如何发挥作用以及在何时最有效，这是非常重要的。当学生处于一种无知的状态，需要在学习上投入更多时，以及当他们犯错时，成长型思维特别有用。固定型思维会使人推卸责任，认为自己没有能力做这件事，然后抗拒学习或者无法将注意力集中在学习上。我们希望学生说"这很有挑战性，通过做这件事，我会变得更聪明"，而不是"这很有挑战性，我没有能力完成它"。

德韦克认为，如果一个人声称其拥有成长型思维，这恰好是他拥有固定型思维的证据。成长型思维是一种因具体情况而改变的思维方式，而不是一种永久的属性。我们所有人都在某些时候拥有固定型思维，而在另外一些时候拥有成长型思维，这取决于具体情况。有时候固定型思维能够保护我们。例如，假设我面对一头狮子，采取固定型思维会更加合乎时宜：放弃抵抗，藏起来，而不是相信我能打赢它！

因此，对于反馈，一种成长型思维文化是学生想要挑战自我，无惧失败和错误，并且知道他们能够让自己的学习"苗壮成长"。他们也知道学习需要付出努力，知道什么时候该坚持、寻求帮助或者是过度学习，并且知道如何去做，以使他们有能力应对更有挑战性的任务。那些成功地培养了学生的成长型思维的教师会做以下这些事：他们示范成长型思维是什么样的，尤其是在学生不确定、犯错或者面对有挑战性的任务时；他们将错误视为一件令人兴奋的事和新学习的前兆，会谈论每个人都不可避免地遇到学习困难和发现自己陷入"学习低谷"（Nottingham, 2017）；他们运用恰当的成长型语言，避免外部奖励，从而最大限度地提升学生的自我效能感；更重要的是，他们会营造一种高度信任的氛围，让这一切得以发生，教导他们的学生如何接收和运用他们提供的反馈。

大脑发展

关于大脑的研究表明，大脑有非凡的成长能力。例如，伍利特和马奎尔（Woollett & Maguire, 2012）发现了伦敦出租车司机所学习的知识——伦敦市区和市郊的每一条街道、每一座地标和建筑物，这些记忆使所有接受检测的司机都比常人拥有稍微大一些的海马体（大脑贮存记忆的部位）。神经连接和突触放电是所有年龄的学生的大脑中都在发生的奇妙事件，这是鼓励学生承认他们大脑的潜力的一个自然的出发点。

我们知道大脑在出生到 20 岁期间会发生巨大的转变（Bolton & Hattie, 2017）。我们需要更加了解这些变化如何影响学生加工信息。正如沙伊尔（Shayer, 2003）所言：

如果你无法评估你班上的孩子们的心智水平，以及每一个课堂活动的认知需求水平，那么你如何能够规划，然后实施你的教学策略（随时应对学生的回应），让所有孩子都有所收获呢？

（Shayer, 2003）

寻求挑战——运用"学习区域"的概念

课堂中强化"金发姑娘原则"——让挑战不要太难，也不要太容易——的最有效资源之一，是图2.1所示的被划分成不同区域的靶心图。教师应鼓励学生以"学习区"（适度的挑战性）为目标，而不是瞄准"恐慌区"（挑战过于困难）或者"舒适区"（挑战过于简单），允许他们寻求有挑战性的任务。很多年来，我们一直认为"金发姑娘原则"是"不要太难，也不要太容易"，但最近的研究（Lomas, Koedinger, Patel, Shodhan, Poonwaia & Forizzi, 2017）表明"金发姑娘原则"应该是"不要太难，但也不要太枯燥"。如果学生觉得这些任务很有趣，想要努力取得成功，对什么是成功有良好的理解，并且知道当他们陷入停滞时应该采取哪些策略，他们通常也会欣然接受一些非常有挑战性的任务。不要以舒适区作为目标，也不要设定过于远大或宽泛的成功标准，以免引起慌乱。目标应该既不要过于困难，也不要过于枯燥。

图2.1　三个学习区域

尽管你会看到这一整本书都在谈论如何让学生保持在"学习区"或者"适度挑战区"，但也有例外的情况！与学生必须掌握的内容密切相关的一些技能

（比如乘法表、如何运用标点符号、如何解二次方程）需要被过度学习，从而能够被贮存在我们的长时记忆中。对于这些技能，我们要从"适度挑战区"出发，即便学生已经学会这些技能，我们仍有必要在舒适区继续巩固它们。我们需要过度学习这些技能，直到它们变得自动化，被压缩在我们的长时记忆中。这样，当我们在新的"适度挑战区"使用这些技能时，就可以留下更多工作记忆供我们使用。

东萨塞克斯庄园学校让学生用彩色卡标记不同的学习区域，另外还提供一张问号卡，从而拓展了学习区域表的实际用途。学生们被鼓励将这些彩色卡放在身前来展示他们当前的思维状态。当他们需要其他学生的辅导时，他们被鼓励将问号卡放在身前。这成为一个信号，邻近的学生会用几分钟时间辅导遇到困难的学生。一个类似的技巧是使用彩色的叠叠杯，或者是全班学生举起不同数量的手指以展示答案，或使用白板。学生们对靶心图的评论是：

16

> 我喜欢处于绿色区域（学习区），因为我想学习更多。我想从我犯的错误中学习。我不想总是做对。当我犯错并改正时，我能学到更多。
>
> 爱丽丝，二年级（7 岁）

> 我发现当我举起问号卡时，同伴会帮助我。他们提供帮助，意味着我们能在没有成人参与的情况下一起解决问题，然后继续下一步。
>
> 乔治，六年级（11 岁）

韦林花园城的哈伍德山学校的一名五六年级教师劳拉·诺克特（Laura Norcott），谈起了她在班级中运用学习区域所带来的影响。

在我的班级运用学习区域之前，我意识到我班上的一名成绩很好的学生不愿意挑战自我。我花了一周时间观察她有多少次停留在自己的舒适区。5 节数学课中有 4 节，她都在做一些过于简单的事情，并且很乐意保持这样的状态。如果我要求她尝试其他一些事情，她就会表现出不情愿和缺乏动力。我与她谈话，然后她说她害怕做错事。

在我们讨论了学习区域以后，我又观察了她一周时间。这一次，她在所有的数学课上都选择了有适度挑战性的活动，并且能够运用与学习区域相关的词汇。她也告诉我，她喜欢从她的错误中学习。

为了进一步向全班学生解释学习区域，我给学生们播放了一段解释当我们犯错时大脑如何运作和成长的视频。这对学生们很有吸引力，使他们更加愿意走出舒适区。

以下是在我的班级里学生们说过的一些话：

> 我现在感觉更好了，因为我知道在"学习区"感到不确定是很正常的事情。
>
> 如果我在"恐慌区"，这只是意味着我尚未准备好应对这样的挑战。但总有一天，我会做好准备。
>
> 如果我在"学习区"，这意味着我的大脑正在运作和成长。如果我停留在我的舒适区，那么我的大脑就不会成长了。
>
> （劳拉·诺克特）

在介绍学习区域之前和之后，我分别做了一个调查，要求学生回答一些关键问题（调查结果见表 2.3）。

17

表 2.3 劳拉·诺克特的调查结果

问题	在介绍学习区域之前	在运用学习区域两周后
我总是选择做简单的事情	27%	16%
我直接寻求帮助	23%	9%
当事情比较简单时，我更能获得乐趣	43%	16%
我更加喜欢做简单的事情，因为我能完成更多的事情	63%	19%
如果事情太简单，我就学不到东西了	20%	41%

刻意练习，有一定间隔而不过量

我们知道，为了发展技能，我们所有人都需要多种练习机会，并且要有明确和清晰的以目标为导向的指导作为支持。"刻意练习"（deliberate practice）（Ericsson，Krampe & Tesch-Romer，1993）这个术语不是指对同一件事的重复练习，而是指与特定技能发展、刻意教授、反馈和成功标准密切相关的练习——不断地突破界限。随着学生获得更强的能力，他们能够应对的"刚刚好"的学习区域也不断拓展。

　　这里要传递的信息是，仅仅练习本身是不够的——它必须是伴随着改进的练习，"刻意练习"这个术语正是这样的意思。在我们练习的时候，我们需要教师和同伴的帮助以取得进步；需要不断地做出改变，从先前的尝试中学习和做出调整；为了掌握我们正在练习的技能，需要不断提高挑战的难度。当我们达到技能的极限时，我们就需要对反馈和犯错保持开放，同时需要结合有效教学，以最大限度地增强我们的学习能力。

　　一门负担过重的课程会迫使教师过于强调内容，并且将学习分割成碎片，对每块内容只教一次，从不复习，除非是为了应对考试。与这种模式相反，当课程内容或通用技能被不断地复习，或者有一定间隔而不是集中地学习（即在一段时间内而不是一次性完成学习，效应量是 0.6）时，深层学习就会发生。正如前文所述，纳托尔（Nuthall, 2005）发现所有学生，无论成绩高低，通常都需要进行三到五次学习——在几天的时间里——之后才有较大的可能性学会。

　　有时候，我们的成功是以"我们不知道我们知道"来衡量的，即我们的学习变得自动化。当它发生的时候，我们已经对特定的知识进行了过度学习，能够在新的情景中迅速回忆和运用这些知识。当我们学习走路时，我们会跌倒、尝试、犯错和受伤，然而一旦我们学会了走路，我们就不会有意识地想把一只脚放在另一只脚前面——我们已经对如何走路进行了过度学习。记忆乘法表、拼写和写句子等事情也是如此。在反复学习了 6 乘 9 等于 54 之后，总有一次留下的印象如此深刻，使我们对其进行了过度学习，能够迅速地想起它，并且将其运用在问题解决和发现更深层的联系上，以及运用在更高深的数学中。我们的大脑能力有限——大多数人的工作记忆都只能处理四到六件事情，因此，如果学生仍然需要努力计算 6 乘 9，他们实际上在这上面耗费了工作记忆的空间，那么他们就处于劣势了，因为那些能够自动得出 6 乘 9 等于 54 的学生能够运用他们的工作记忆和这些知识去做别的事情。

学习的语言

　　当任务对于学生来说非常复杂的时候，元认知技能而不是智力，就成了学习成果的主要决定因素。

（Hattie, 2009）

学习特质

"学力"（learning powers）这个术语通常被用来描述克莱斯顿（Claxton，2002）以及科斯塔和卡利克（Costa & Kallick，2008）所辨识出的学习特质。元认知策略，或称为对思维过程的思考，其效应量为 0.69。元认知的三个要素是：

- 去抑制（disinhibition）——避免分心或者在某一阶段陷入停滞的能力；
- 更新和监控我们所学的东西；
- 切换任务的技能，或者解决问题的手段。

这三个要素构成了所谓的"执行功能"（executive functioning），或"元认知""自我管理"。很多研究者用一系列特质去定义学习，包括克莱斯顿（Claxton，2002）的"4R"——韧性（resilience）、互惠性（reciprocity）、应变性（resourcefulness）和反思性（reflectiveness），以及科斯塔和卡利克（Costa & Kallick，2008）的"心智习惯"（habits of mind）。"心智习惯"指的是当你不知道答案或者陷入停滞时，知道如何采取理智的行动，包括坚持不懈、控制冲动、以理解和同情的心态聆听、灵活地思考、负责任地承担风险、努力地追求精确、寻根问底、将过去的知识运用到新情景中、对持续的学习保持开放。所有这些都是元认知——关于我们如何思考和学习的知识。

这些特质构成了学习的语言，需要成为课堂的一部分，融入任何想要获得成效的不同学习情境中。

运用学习语言的一个例子

我们曾连续数年把关于克莱斯顿和科斯塔的学习特质的一份综述（见表2.4）发放给一些教师评估团队的教师们（Clarke, 2014）。

19

表2.4　学习特质

专注（去抑制）	控制分心 专注于任务 一次仅做一件事 将事情分解 有计划和通盘思考 画图表，把能够帮助你思考的想法和事情记录下来

续表

不放弃（坚持不懈）	付出努力 勤于练习 一往无前 尝试新策略 寻求帮助 重新开始 让大脑休息一下
善于合作（与他人一起工作）	聆听他人的话 当你不理解时，说出来 当你不同意时，保持友好 解释事情以帮助他人 宽容
好奇（在不同观点之间切换）	提问 留心事情 寻找规律和联系 思考可能的原因 探究 问"如果……，会怎么样？"
勇于尝试（从错误中学习）	成长型思维 当事情出错时不要担心 从错误中学习 对尝试新事物感到兴奋
运用你的想象力（跳出固有的思维框架）	创造力 放飞想象力 想出新点子和新问题
不断进步（学会学习）	不断地审视自己的工作 发现自己的优点 先提升一个方面 尝试比上一次更努力 不要将自己与他人比较，只与自己比较！ 小步子前进
享受学习（感受学习的乐趣）	对自己取得的成就感到自豪 感受自己的神经元连接起来！ 想象自己的才智每时每刻都在增长！ 在现实生活中运用你学到的东西 知道如果你有付出和练习，你就能够做到

20 　　教师以不同的方式运用这些"学力"，但总是以实现一种"分屏"的方式为目标（Claxton, 2002），即对学力与课程的知识和技能目标给予同等重视。有一种更为成功的策略是，给这八个类别的特质分别安排一个角色，然后为其创作一个故事，并在故事中探讨各种不同的要素，之后利用这些故事和角色向全班学生介绍特定的学力［见下文的例子，这是由泰姆兹赛学校的阅读教师夏洛特·罗林森（Charlotte Rollinson）为低年级学生创作的故事和角色］。教师通常每个星期专注于一个故事，向学生展示角色，然后将相关的技能拆解开来，直到所有类别的特质都被学生所了解。

专注：毛毛虫库巴

　　从前有一个毛毛虫家庭——毛毛虫妈妈、毛毛虫爸爸和他们的儿子，毛毛虫库巴。一天，毛毛虫妈妈让库巴去外面收集一些叶子，为晚餐做准备。库巴刚出发，就遇到了好朋友汤姆，汤姆想去踢足球。但库巴说："不，我需要收集一些叶子。"过了一会儿，库巴又遇见了他的表哥卡斯帕。表哥邀请库巴去他家喝柠檬汁。但库巴说："不，我需要收集一些叶子。我需要专注于妈妈让我做的事情。"他完成了收集叶子的工作，回到家后，把朋友们说的话讲给妈妈听。"库巴，你能专注于我让你做的事情，做得非常好，现在你已经完成任务了，你可以出去玩了！"妈妈说。

夏洛特解释道：

　　孩子们在一周时间里有各种机会了解这些动物，然后为每一个角色画像和上色。我们会以很多种方式与学生讨论他们在学校如何运用这些角色去帮助自己，比如他们如何能够在班上多做"尝试"。班级的所有教师都在一整周时间里对孩子们在这一周所关注的方面的表现做出评价，并且鼓励他们互相运用这些词。当孩子们学完了成为一个成功的学习者所必备的八个要素以后，每节课上，教师和孩子们会选出他们在这一节课上特别需要的角色来帮助他们学习。然后教师会把这些角色贴在白板上的学习意图和成功标准下边，以此来提醒孩子们。

　　孩子们真的很喜欢这些角色。有一次我把两个角色借走了一天时间，孩子们都表现得非常忧虑！以下是来自幼儿园和学前班阶段的学生的评论。

"库巴帮助我们很好地学习。"（约书亚，4岁）

"当库巴的朋友问他想不想去玩时，他说不，因为他正在忙。他非常专注。"（伊娃，5岁）

"毛毛虫很努力工作，他不关注其他在玩耍的小朋友。"（亨利，4岁）

（夏洛特·罗林森，泰姆兹赛学校）

同样是对于这些"学力"，肯塔基州弗农山的罗克卡斯尔县高中的学生们选择了使用迪士尼的角色来代表每一个要素。他们对每一个角色的态度和个性的了解有助于将这些角色与不同的学习特质联系起来。看来，与体现出某种学习特质的角色建立联系，对所有年龄的学生都有效，无论这些角色是真实的还是虚构的。

［该例子摘录自克拉克的《卓越的形成性评价》
（*Outstanding Formative Assessment*）（Clarke, 2014）］

如果没有被融入具体情境和课堂，学习特质的表格很容易就会被教师和学生抛诸脑后。学习特质与技能目标同等重要，意味着前者必须像后者一样经常被提及。所以，反馈不仅应该包括关于技能水平的信息，而且应该包括关于这些要素的信息（比如，"你和学习伙伴一起改进了你们俩的作品，你们之间的合作非常好。""在面对挑战时，你能够全神贯注，避免分心。"）。

教师和学生的十个心智框架

十个心智框架，源自"可见的学习"研究，为评价型思维方式和学习特质的概念增添了更多维度（Hattie & Zierer, 2018）。教师的十个心智框架及其与学生的十个心智框架的联系如表 2.5 所示。

表 2.5　教师和学生的十个心智框架

教　师	⟶	学　生
我是自己对学生学习的影响的评价者。	我们的教学实践有没有将学生最好的一面激发出来？	我是自己学习的评价者。
我将评价视为对自己的反馈。	我们是否在运用评价的信息来提高学生的学业成就，并且帮助我们计划下一个教学步骤？	我给予教师反馈，并从教师和同伴那里接收反馈，以帮助我取得学习进步。

续表

教　师	➡	学　生
我与他人合作探讨关于进步和影响的概念。	我们是孤立的教师，还是与其他教师以及我们的学生合作，共同探讨我们所说的进步和影响意味着什么？	我与我的同伴一起探讨学习进步和成功意味着什么。我是有评价能力的学习者。
我是变革的驱动者，并相信所有学生都能够学习。	学校领导者是否营造了一种使教师保持高度自我效能感的氛围，从而让教师能够一起合作，成为变革的驱动者，相信他们自己对每一个学生的人生都会产生真正重要的影响？	我有高度的自我效能感。
我乐于迎接挑战。	我们是否鼓励这样一种思维模式，即错误被认为是学习的必要特征？教师和学生是否努力进入学习区，而不是停留在舒适区？	我享受和寻求有挑战性的任务。
我给予学生反馈并帮助他们理解，我理解他人向我发出的反馈并做出回应。	我不仅给予学生反馈，帮助他们理解反馈和根据反馈采取行动，而且持续地从学生身上获取反馈，以帮助我规划未来的教学。	我知道如何给予、接收和运用关于我的学习的反馈。
我运用的对话与独白同样多。	我是聆听学生的声音，还是只顾说自己想要说的东西？我是否能够与学生一起开展讨论？	我重视课堂上不同的社交和认知的搭档，并从我与同伴的对话中学习。
我明确地告知学生成功的影响是什么样的。	我在课的一开始就向学生展示成功看起来是什么样子的。我经常与他们一起去理解成功意味着什么，并提供关于他们如何达到成功的反馈。	我尽我所能地理解自己离课的成功标准还有多远。
我建立关系和信任，使得学习可以发生在一个能够安全地犯错和从他人身上学习的环境中。	我建立一个安全和公平的环境，使学生能够犯错，从自己和他人的错误中学习，走进学习的"适度挑战区"。	我感受到教师重视我、尊重我、喜欢我和聆听我的声音。我也向他们展示出同样的礼貌。
我聚焦于学习和学习的语言。	我们谈论学习多于教学，还是反过来？我们为借助学习特质、学习意图和成功标准来进行学习建立了一种共同的语言吗？	我谈论我正在学习的东西，而不是我正在做的东西。

本书描述了多种多样的反馈以及相关的研究证据，但无论是哪一种策略，

使用它们的方式才真正地决定了成败。这十个心智框架对建立一种适当的思维模式、信念和实践基础有极大的帮助，它们使反馈的策略能够被真正和有效地运用到实践中。

这里的核心观念是学生需要通过教学来发展不同的策略和执行功能，因此关于策略的反馈与关于内容的反馈同样重要，虽然这些策略最终需要被运用于内容上。学会各种策略，学会何时运用它们，学会当某种策略不奏效时灵活变通，这些都需要来自教师的反馈。当教师的策略没有对学生的学习产生理想的效果时，教师也需要反馈。

融入思维模式和心智框架——实践案例

苏格兰的中洛锡安教育服务中心所领导的"学习与教学小组"开发出下面这一幅图（见图 2.2），其目的是将有评价能力的学习者（可见的学习者）、成长型思维、挑战和学习特质都融入所有中洛锡安学习者的理想愿景。他们希望这些能够被运用在终身学习上，而不仅仅是学校教育中。

图 2.2　中洛锡安学习者

译注：图中文字大意如下。

中洛锡安学习者：

1. 合作：能够与他人一起学习，从他人身上学习。

2. 谈论他们的学习：知道自己的学习处于哪一个位置，以及下一步该怎么做。

3. 知道如何学习：积累知识；将知识与新学习联系起来；将不同领域的学习联系起来。

4. 勇于挑战：超越对自己的期望；目标高远。

5. 运用学习者品质：坚韧不拔；理解和运用有效的学习习惯；学习是有回报的。

6. 对自己的学习负责：能够独立学习以实现目标。

7. 相信努力能使他们最终获得成功：成长型思维；犯错是一件好事；当不知所措时知道要做什么。

中洛锡安是一个成长的好地方，一个学习的好地方。

他们也向教师提供如何向学生展示这幅图的建议，使其不仅仅是一幅"墙纸"。罗斯林学校的教师科林·伯特（Colin Burt）描述了他如何引导年纪较大的学生与这些概念展开互动：

> 在班上，我们谈论了是什么造就了一名"中洛锡安学习者"。学生们想出了很多从未被谈起的词语，使讨论能够顺利地进行下去。然后，我向学生们展示了图 2.3 所示的"字谜"，要求他们拼出那几个短语。我给了他们一张很大的纸，预先打印好"合作"这个词放在中间，然后让学生将图中的字母组合成短语。在学生们找到了正确的短语以后，他们又尝试将短语与它们的意义匹配起来。

TA	ASP	QUAL	EFF	OUT	AT
THE	IR	NING	ORT	SUCC	OW
T	O	OW	IRES	NSIBLE	LE
CHALL	ITIES	AB	EVES	LEAR	AD
TH	EIR	FO	LEA	NING	ESS
ARN	R	OWS	LL	H	LEAR
I	RESPO	N	LKS	ENGE	WI
KN	S	LE	O	RNER	O
ES	US	TH	T	T	BELI

There are <u>seven things</u> that we believe make a Midlothian Learner. One of these is **'COLLABORATES'**. Can you work out the other six things by creating the words you need (two bricks per word) and putting them together into the key phrases?

图 2.3 让学生与这幅图展开互动

译注：图片底部文字大意如下。

我们相信有七种品质造就了中洛锡安学习者。其中一种是"合作"。你能够从中拼出其他你需要的词（每个词由两个方框组成），然后将它们放在一起形成关键短语，从而找到其余六种品质吗？

另一所学校——霍桑登学校，将这幅图改编成如下表格（见表 2.6），将之更多地与"可见的学习"联系起来。

霍桑登学校的教师们表示，他们首先专注于"谈论我们的学习"，并且反思学生是否知道这意味着谈论他们作为学习者的目标和下一步该如何做。通过讨论学习意图和成功标准，以及在他们的反思笔记或者学习日志中做出反思，学生们现在能够分辨出在同伴评价和自我评价时他们是否在"谈论自己的学习"。

学校领导者决定在全校范围内推广当前的实践：在校历上安排更多"午后开放日"，举行"PATPAL"（Pupils as Teacher/Parents as Learners，学生作为教师 / 父母作为学习者）活动，即学生向他们的父母教授一些他们在课堂中学到的东西；提供频繁的机会，让学生分享和谈论他们的学习，比如周计划、公民课和班会；反馈囊括所有课程领域，改变反馈的传统做法，公开地与学生分享总结性评价，而非不让他们看到。

表2.6 表格形式的"中洛锡安学习者"，让学生连线，从而确保他们能够参与和理解

合作	• 超越对自己的期望 • 目标高远
谈论自己的学习	• 积累知识 • 将知识与新的学习联系起来 • 将不同的学习领域联系起来
知道如何学习	• 坚韧不拔 • 我能够做到！ • 理解和运用有效的学习习惯 • 学习是有回报的
勇于挑战	• 能够独立学习以实现目标
运用学习者品质	• 知道自己的学习处于哪一个位置，以及下一步该怎么做
对自己的学习负责	• 成长型思维 • 犯错是一件好事！ • 当你不知所措（处于学习低谷）时知道要做什么
相信只要努力就必将获得成功	• 能够与他人一起学习，从他人身上学习

26

中洛锡安学习者的图表不仅成了教与学的基础，而且为所有教师和学生描述其学习提供了一种适当的语言。我们运用的语言传递和塑造了我们的态度，所以如果学生开始运用这些词语谈论他们的学习，那么不仅他们的思想和行为会受到影响，而且这也成为他们将这些概念内化的证据。无论学校运用什么样的策略引入学习特质并将其植根于实践中，重要的是它们必须与学习意图和成功标准紧密地结合起来，一起被使用和讨论，而不仅仅是作为一种补充性的可供选择的做法。

图 2.4 来自马来西亚的澳大利亚国际学校（简称 AISM），它也表达了类似的价值观和目标。

图 2.4　一名有热忱、善激励的教师（来源：马来西亚澳大利亚国际学校）

4. 将错误看成平常事并且欢迎错误

有效反馈的一个关键要素是学校共同体对待错误的普遍态度，这里的错误是指陷入停滞、犯错和持有错误概念。这些与我们对"犯错"的传统理解有关：

我们认为犯错是一件让人羞愧的事情，需要掩盖或者抹除，让人产生害怕达不到教师或父母的期望的感觉。教师的一种非常典型的反应是不对错误进行认真的讨论，害怕这会损害学生的自尊，尤其是在他们的同学面前。一个重要的研究（Moser, Schroder, Heeter, Moran & Lee, 2011）发现，当我们犯错时，我们的大脑会接收到更多的需要加工处理的信号，这反映了我们会对错误投入更多的关注。当我们犯错时，大脑有两种可能的反应：（1）"错误相关负波"（error-related negativity, ERN）反应，当大脑体验到正确反应与错误之间的冲突时，脑电活动会增加；（2）"错误正波"（error positivity）反应，这种大脑信号被认为反映了对错误的有意识的关注。简而言之，错误会导致皮亚杰所说的"失衡"（disequilibrium）——我们已知与未知之间的差距所造成的不安——这是学习发生的一个关键时刻。我们必须把握和理解这个时刻，确保我们能够应对这种张力。即便错误未被更正，但这是一个发生冲突的时刻，我们的大脑由于受到挑战而活跃起来，因此这也是学习的好时机。

正如《可见的学习（教师版）》所言：

> 当学生没有达到熟练或者掌握的水平时，反馈是最有效的——因此，当出现错误或不完整的认知和理解时，它能够产生最佳效果。错误带来了机会。它们不应该被视为一件尴尬的事情、失败的标志或者应该避免的事情。错误是令人兴奋的，因为它们显示了我们现在已知的东西与我们能够知道的东西之间的张力：它们是学习机会的征兆，我们应该拥抱它们。
>
> （Hattie，2012）

当反馈回应了错误的解释，而且被充分理解时，效果最佳。清晰的反馈是学习过程的一部分，在初次教学之后，它能提供关于学生表现的某一方面的信息；然而，如果学生对初次教学的内容完全陌生或难以理解，这时候反馈的作用不大，因此，倾听学生所表达的不理解至关重要。

> 如果所学习的材料是完全陌生或者晦涩难懂的，提供反馈对学生的表现是否达到标准的影响不大，因为他们无法将新信息与已知的信息联系起来。
>
> （Kulhavy, 1977）

学习中的错误能够创造机会，能够引发反馈，有助于认识事物间的联系。它可以是积极学习的副产品，并且产生非常积极的影响。但错误也可能是令人不安、感到挫败和破坏性的，也可能降低投入、学习和继续努力的动机，这正是为什么建立一种将错误视为平常事和欢迎错误的文化是如此重要。

错误可能包括：

- 运用最易于使用的策略，但它是错误的；
- 遵循常规，不考虑当前问题的独特性；
- 忽略关键信息和知识；
- 过分依赖易于掌握的信息；
- 过于重视客观或表面的信息，而缺乏更深层的理解；
- 在需要更复杂的解决方案时，过于关注简单的联系或者解决方案；
- 过于草率，没有考虑其他可能的解释；
- 从预定的解决方案出发，以一种错误的方式倒推；
- 没有从以前的分析中吸取教训；
- 拒绝承担风险，因此在只有冒险才能够得到正确答案或更高成就时犯错；
- 对推荐的解决方案过于乐观——接受特定策略但没有分析这种策略是否合适；
- 不够投入，因此不专注；
- 低估了解决方案所需的时间和资源；
- 自动化地工作，而不是创造性地思考和探索不同的策略。

有如此多的方式导致失败！然而，正如迈克尔·乔丹的名言：

> 我起码有9000次投球不中，我输过不下300场比赛，有26次人们期待我投入制胜一球而我却失误了。我的一生中，失败一个接着一个，这就是为什么我能够成功。

教师的很多时间都被用于发现错误概念和失误（多指由于粗心而非错误概念造成的错误）。如果学生误入歧途，并且自己无法察觉，那么教师工作的一个关键特征是寻找处理和应对错误概念或者其他错误的最佳方式。纠正错误概念通常需要熟手提供更多解释，而失误是更容易应对的：只要让学生有充足的时间去重读他们的作品，大声地读出来或者检查计算结果，学生通常能够将其解决。

让学生反思其错误的一种策略是先让他们圈出自己认为可能出错的地方（Didau, 2015）。另一个策略是在错误周围画一个心形，这既可以鼓励学生检查他们的作业，也可以让学生明白错误是学习的一个重要部分。如果认为某个错误需要学生特别注意的话，教师在教室里四处走动时和课后打分时都可以这样做。给出一组答案，然后让学生自我评分，这种策略也可以让学生拆解和分析他们的计算或书面陈述，并且在无须帮助的情况下纠正错误，或者知道哪些地方需要更多反馈。

此外，还有其他策略：在课堂上创造一个"无风险的地带"（risk-free zone），学生们可以在上面表达他们的猜测和想法，而不是只有当他们知道正确答案时才能够说出来的成熟的想法或感受；（在适合的时机）让学生们进入"学习低谷"（见 Nottingham, 2017）；把错误的作业交还学生，然后让他与你和整个班级一起解决错误，并且询问是否有更加合适的替代策略，以展示犯错的价值。

要 点

- 当学生学习内容知识或表层知识时，更好的做法可能是提供纠正性反馈，然后继续学习。
- 当学生已经掌握了表层知识，但刚开始理解其中的联系和更深入地思考时，错误以及后续的讨论和分析是最有力的。

教师对错误的回应

教师处理错误的方式有很大的文化差异。美国学生和中国学生会犯同样多的错误，但美国教师倾向于立即纠正错误，而中国教师会问更多后续的问题，促进学生的讨论（Tulis, 2013）。西方国家的教师倾向于保护自尊，降低负面影响，以及让学生在私底下纠正错误。确实，图利斯（Tulis, 2013）发现，当学生在他们的同伴面前犯错时，有 40%—50% 的机会，教师会纠正错误；还有 40%—50% 的机会，他们会让另一个学生帮助其纠正错误；有 5%—10% 的机会，他们会忽略错误；只有 5%—10% 的机会，他们会利用错误来促进学习。在其他国家，学校教育不那么关注学生的社会化发展，教师会更有可能鼓励和利用学生犯错，在公开场合指出错误和分享解决错误的方案，并将此视为学习机会（Boaler, 2016）。

施托尔、罗森特里特 – 布隆和德莱塞尔（Steuer, Rosentritt-Brunn & Dresel, 2013）的一项研究分析了"错误友好型课堂"和"非错误友好型课堂"的影响。他们发现，当学生认为他们的课堂是"错误友好型"的时，他们会更加努力地学习，其影响远远超过了课堂环境的其他方面。

因此，将错误看作平常事和欢迎错误，对于教师如何回应错误有非常清晰的意义。如果教师的回应导致了羞耻和否定，那就不应当发生；相反，将错误与"下一个目标是什么"的信息联系起来——与新的学习联系起来——的反馈可以是非常有价值的。当学生犯错时，教师应该以一种积极的方式突显它，将其作为再学习（relearn）的机会，作为学习机会与他人分享，并且将其视为达到精通的途径。如果教师提供机会让学生讨论错误概念和错误，鼓励学生通过自我纠正从错误中学习，就能够使学生更加自信地尝试用多种策略去解决问题（Tulis, 2013）。重要的是，他们只有在一种高度信任的氛围中才能做到这件事，这不仅指教师与学生之间的信任，而且包括学生与学生之间的信任，即他们不会因为犯错而被取笑。只有在安全的环境中，犯错才是有力的。

欢迎和应对错误——实践策略

我们在前面指出过，在错误经常出现的情景中，运用成长型思维会产生非常有力的影响。当儿童遇到困难时，教师应该说什么和不应该说什么，德韦克对此给出了很有帮助的建议，尤其是在数学上（见表 2.7）。教师应该避免同情——相反，教师应该为错误感到兴奋，因为学习将会随之而发生。要注意避免使用最高级或与自我相关的评论。

表 2.7 当学生遇到困难时，教师应该说什么、不应该说什么（Dweck, 2015）

成长型思维（什么应该说）	固定型思维（什么不应该说）
当你学习如何解决一种新问题时，你的数学学习就会有长进！	不是每个人都擅长数学。尽力而为吧。
如果你经常把"我不擅长数学"挂在嘴边，那么就把"不"改成"尚未"。	还好，可能数学不是你的强项。

续表

成长型思维（什么应该说）	固定型思维（什么不应该说）
如果你感觉数学很难，那正说明你的数学知识在增长。	不要担忧，只要你不断尝试，你就能做到。（如果学生运用错误的策略，他们的努力就不会奏效。再加上，如果他们的努力都白费了，他们就会感到自己特别无能。）
重要的不是一直都做对，而是脚踏实地地加深你的理解。你下一次能尝试做什么？	做得好！你已经尽力了。

我们在威斯敏斯特的圣卢克学校观摩了一节课，班上学生都是 9 岁儿童，他们在整节课中都在鼓励和欢迎犯错，坚信新的学习会随之而来。

学习意图：估计重量，知道一千克等于多少克

西莫斯·吉本斯（Seamus Gibbons）老师准备了很多不同重量（从 1 克到 1 千克）的砝码，并用薄纸包裹起来。教师让学生根据它们的重量将其排序，用便签写出他们估计的重量并贴在上面。学生们写了很多非常离谱的重量，比如 34 吨、25 千克，甚至 0。到了揭开答案的时候，学生们撕开纸看到它们的真正重量。当看到他们估计的数值多么不切实际时，他们发出了一阵阵笑声。

这时候，一个关键的教学时机出现了。西莫斯展示了一幅北极熊的图片，告诉学生北极熊的体重大约是 1 吨，然后又展示了一幅大象的图片，告诉他们大象体重在 7—10 吨之间。随后又展示了一包糖和一张信用卡。

为了对他们的错误表示欢迎，教师向学生发放了如下的留言条：

我所犯的美妙错误	我所学到的东西

每一个学生带着填写好的留言条走到门前，西莫斯会把纸条上的话读出来，然后予以评论。如果他觉得学生是在马虎了事，会让学生重新写，要求他们写得更加准确或者详细。几分钟以后，只有两个学生还没完成任务，西

莫斯让他们估计 1 克的重量，并且谈一下 1 千克相当于多少克。除了从错误中学习这一清晰的信息以外，课堂的最后几分钟尤其让人印象深刻：教师把握住时机，确保每一个学生都对 1 千克包含多少克有所理解。如果他只是拿走了留言条，在学生不在身边的时候察看这些留言条，那些课堂内容仍然鲜活的宝贵的教学时机就被错过了，那些需要一对一辅导的学生就永远都没机会在教学情境中巩固他们的学习了。把握教学时机是有效反馈的一个关键特征，本书会反复强调这一点。

（这一节课的视频可以在 www.shirleyclarke-education.org 上找到。）

让学生共同设定成功标准的一个主要优点是，他们会获得一个参照系，从而更清晰地理解自己犯了错或没有实现任务的目标。当课堂加入了分析优秀案例的环节，以及在学生完成作业之前（或者在作业被评分之前）向他们提供评分量表时，也能产生同样的效果。

将往届或其他班的学生的作业作为案例，让学生寻找其中的错误，这也是判断学生掌握情况的一种有力方式，并且也能向学生说明错误能够带来反馈，进而催生新的学习。"这条算式中出现了什么错误？"是开始一节课的有效方式，因为这样的导入既能揭示学生的先前知识，也能鼓励合作分析和讨论，让学生关注成功标准，并且有可能向他们展示优秀的表现应该是什么样的，所有这些都为目标明确而集中的反馈做好了铺垫。

32

6—7 岁儿童发现错误的一个案例

哪一个是 31？A 还是 B？说服你的学习同伴……

13 岁儿童发现错误的一个案例

哪里出错了？讨论一下……

一共有多少颗糖果？26，26，26，26，26，26，26

×	20	7
6	120	42

答案：26×7=162

问题所在：学生写了一条 27×6 的乘法算式，而不是 26×7。

以这样一种方式对待错误，错误被认为是平常事，并且被用于促进学习。在以挑战为常态的课堂上，让学生分享他们的"非凡的错误"，这会带来很多益处。通过讲解这些其他学生也可能会犯的错误，错误的价值得到了印证，对错误的分析能够帮助所有学生更深入地学习。

布里斯班文法学校的一名教师詹姆斯·格利森（James Gleeson），将学生在数学中的常见错误分为六种类型（见表 2.8，图 2.5 至图 2.7）。

表 2.8 六种常见错误

阅读	学生误读了题目。比如，一个计算周长的问题后面接着一个计算阴影部分面积的题目。学生读题时不够仔细，没有注意到题目的变化，因此他计算了周长，而没有计算面积。另一个例子是将"非红色的弹珠占比是多少？"误读成了"红色的弹珠占比是多少？"，因而答非所问。
知识习得	学生似乎没有习得理解问题所需的知识，因而无法在寻找答案上取得有意义的进展。这可能是由于学生未能理解相关的数学术语的意思，比如"不等边三角形"或者"因式分解"，也可能是由于还没习得相关的概念或步骤。这需要采取进一步的教学调查。
策略	这种错误仅出现于需要学生自己决定运用哪些知识和步骤的题目，或者需要在新的或陌生的情境中应用数学知识的问题。 学生在课堂上或其他测试中展示出他已经建立了牢固的相关概念、思想和步骤知识基础，但在阅读了一个陌生的问题后，他不能识别出解决这个问题需要哪些概念或步骤。他无法将他学到的知识组织成解决问题的连贯策略。

续表

知识运用	学生在完成一个固定的或烂熟于心的解题策略或步骤时，在某个或某些步骤上犯错。有证据表明，他在最近的作业或者其他测试中能够准确地重现这些步骤，比如，能够做对先前或后来的问题，但就是在这一次没有准确地重复这些步骤。 这种错误有时候是源于学生在做题时不够仔细和没有条理，或者书写的"布局"不太好，比如由于书写太潦草或马虎了事，导致算式的数位没有对齐，或者误读了之前写下的小数点。
计算	在低年级，这指的是学生在心算简单的加减乘除时犯错，比如，算错了乘法表或简单的心算加法。在高年级，这可能还包括用计算器时按错了小数点，或者其他操作计算器的错误。
最终答案	学生正确地解题并且找到了正确答案，但他们没有以常规的格式呈现他们的答案，或者未能在题目的情境中解释他们的发现。比如，没写单位，没有用一句总结的话将文字题的答案表达出来，或者写出了一个不合理的答案："需要 2.63 辆巴士来运送儿童"。

　　解释说明：本表将学生的错误归类。这可能揭示了最常见的一些错误类型的规律。教师可以让学生检查他们的考卷，然后找出他们没有得满分的题目。教师指导和鼓励学生更深入地分析他们所犯的错误，并制作一张表格，记录每一种类型错误的数量。

　　在任务的反思环节，让学生运用他们个人的错误分析的结果，寻找他们擅长的领域以及他们想要改善的领域。在教师进一步的指导和支持下，学生基于他们对自己学习的发现，为下一单元的学习设定目标。

34　　詹姆斯将这些错误类型转换成学生能够理解的语言（见图 2.5）。

　　到这里为止，我们已经区分了不同的错误类型，但只有当教师和学生都知道该做什么去帮助他们从错误中学习时，这些分类才是有用的。下面的学生指南（见图 2.6）恰好提供了这样的信息。

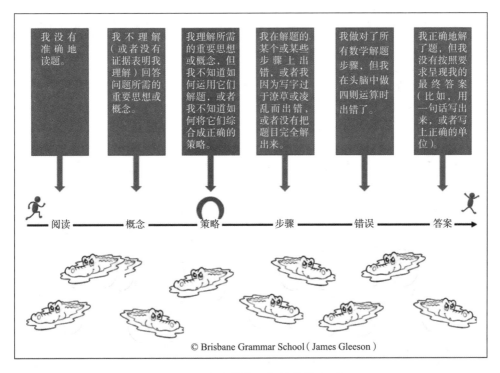

图 2.5　学生能够理解的错误类型

我如何从我的数学错误中学习

我犯了"阅读"错误。我可以这样做：

- 减慢速度，更加仔细地阅读题目。
- 在开始做题前，把题目读两遍。
- 用荧光笔涂画关键词、提示词或题目说明，或者画下划线。
- 运用检查技巧——看一下我的最终答案，然后在开始做下一题之前再读一遍题目。
- 在提交作业之前，再检查一次有没有读错题。

我犯了"知识习得"错误。我可以这样做：

- 在"我的语法"（My Grammar，一个教学视频网站）上观看视频。将视频中的重要例子或者信息记录下来。如果我不理解视频中解释的东西，向父母、兄弟姐妹或者我的老师寻求帮助。
- 到"毕达哥拉斯俱乐部"（Pythagoras Club，一个数学论坛网站）寻求更多数学上的帮助。

图 2.6　"从错误中学习"学生指南

35

- 当我不理解一些东西时，提前到学校向老师寻求帮助。让他们更换一种方式向我解释。
- 当我在做作业时遇到不懂的地方时，向父母或兄弟姐妹寻求帮助。
- 当我不理解时，探究一下这些概念的其他解释。[比如，在"狂热数学"（Hot Maths）网站上查一下。]

我犯了"策略"错误。我可以这样做：
- 在我的课本或者"我的语法"网站上练习更多的文字题和问题解决型问题。
- 更频繁地练习"狂热数学"上"水平三"（level three）和"挑战水平"的问题。
- 如果我做错了，让我的老师看一下我所做的问题解决型练习题或者文字题。
- 用更多时间学习关键术语、定义、提示词或者短语。用抽认卡或者记忆卡帮助我巩固和记忆这些知识。
- 专注于在更深的层次上理解重要的概念、技巧和步骤，而不仅是学习"如何解题"。
- 遇到比较难的问题，更加认真地聆听课堂讨论。如果我不理解课堂上教授的比较难的例题，与教师交流一下。

我犯了"知识运用"错误。我可以这样做：
- 更详细、整洁和准确地将解题过程写出来。
- 把我的解题过程写得更清楚一些，这样我就不会被弄糊涂了。
- 把算式列得更准确一些，这样我就不会把小数点放在哪里弄错了。
- 用估算或者检查技巧确认我的答案是合理的。
- 不要粗心大意。在执行每一个技巧或步骤时都要专心致志，然后才去做另一件事。
- 在学习时，将主要的步骤列出来。
- 确保我理解步骤中的每一步是在做什么，以及每一步如何让我更接近答案。如果我在这一方面需要帮助，向老师求助。
- 聚焦于证明为什么我的答案是正确的，而不仅是写出答案。
- 提供更多的解题过程以支持我的答案和证明为什么我的答案是正确的。

我犯了"计算"错误。我可以这样做：
- 更勤奋地练习乘法、除法以及两位数的加减法。
- 每天在家让父母（或者兄弟姐妹）问我关于数学事实的问题。
- 放慢速度。避免粗心大意和出错。
- 尝试专注于每一步的计算，然后再继续下一步。
- 留出时间回头检查是否出现心算错误。

图 2.6 "从错误中学习"学生指南（续）

- 用计算器算两遍。
- 在使用计算器时放慢速度。
- 停下来思考一下计算结果是否合理，然后再继续。
- 在计算之前估计一下计算结果。

我犯了"最终答案"错误。我可以这样做：
- 记住所有文字题都需要用一句话陈述最终答案。
- 记住涉及时间、钱、质量、面积等的问题必须写上单位（比如，分钟、美元、千克、平方米）。
- 在继续做下一个问题之前，重新阅读一下当前的问题，确保我已经正确地解释了我的答案。
- 确保我的答案符合规定的格式。
- 在陈述我的答案时，提供更多细节。
- 反复阅读我的总结句，确保它回答了问题，并且读者能够明白。

图 2.6　"从错误中学习"学生指南（续）

最后，图 2.7 向 13—15 岁的学生提供了在学习数学步骤和概念时避免工作记忆超负荷运作的实用小贴士。

八到十年级（13—15 岁）
习得关于新的数学步骤的可靠知识
- 制作一个数学解题步骤检查单，在做习题时检查每一项。
- 对重要的步骤进行分散练习。把日期、主题和所用时间记录下来。在每周结束时向老师展示我的记录和我所做的习题。
- 利用记忆术、缩写词或者押韵帮助记忆所有步骤。
- 画一个流程图，将每一个步骤以及它们如何结合在一起以视觉的形式呈现出来。
- 为每一个步骤写注释表。对于每一个步骤，写一句话，说明为什么需要这一步。每当我练习这一步骤时，阅读和对照这个表。
- 进行更多的分散练习，聚焦于完整和准确地完成每一步。在我做题时，停下来检查每一步是否正确无误，然后再继续下一步。

习得关于新的数学概念的可靠知识
- 设定一个固定的与老师交流的时间段，每一周我都在这段时间里向老师请教。
- 向辅导老师、父母、兄弟姐妹、朋友或者同学寻求帮助。

图 2.7　学习数学步骤和概念

37

- 画图（比如思维导图或者概念图）。这有助于我将重要概念视觉化呈现，理解这些概念如何发挥作用，并且意识到这些概念如何结合起来构成"整体图景"（big picture）。
- 从可靠的网站或可用的教科书中找到关于概念的另外两种解释，进行探究、阅读和写笔记。将我的笔记展示给老师。
- 从"我的语法"和数字笔记本（OneNote）的分享页面中寻找由其他教师提供的更多资源（PPT、动画、教程）。
- 探索数学网站，寻找相关主题的课程、互动性活动或者视频教程。

图 2.7　学习数学步骤和概念（续）

5. 通过混合能力分组实现学习平等

本节描述的文化包融了共同学习的不同学业成就水平的学生，在其中，错误和反馈的空间能够被最大化。过度使用能力分组可能是学生发挥反馈的力量的主要障碍。对学生进行能力分组通常会造成对学生错误的期望——学生被学校视为优胜者或失败者。它可能使学生固定在某个能力分组中，同时由于无法接触到适当的材料，即便他们有能力，是一个"大器晚成"者，或者在学习上投入更多的努力，也无法从较低的能力分组中爬上来。研究中，能力分组对平等造成的负面效应是有确凿证据的。无论你处于高分组还是低分组，如果系统已经决定了你无法改变，那么为什么还要努力学习？

很多学校仍在使用某种形式的能力分组，尤其是在数学上，但有时候其他学科教师也会这样做。这表现为对学生贴标签，或者分轨（tracking）（在英国也被称为"setting"，即分组）——尽管证据表明能力分组会损害学生的自我效能感，并且被贴的标签经常会成为自我实现的预言。这首先带来了严重的平等问题：少数族裔学生通常被分配到低分班级，并且有经验的教师和专家教师通常更少被分配到低分的轨道上（Chiu, Chow & Joh, 2017）。

弗兰西斯等人（Francis, Archer, Hodgen, Pepper, Taylor & Travers, 2016）的一项研究尝试弄清楚为什么英格兰仍在使用能力分组。他们发现，问题主要在于政策制定者对学校颁布的法令以及他们持续地"提高标准"。比如，2005 年政府向学校发布的白皮书对"提高标准，为所有学生创设更优质的学校"的解释如下。

对学生进行分组有助于提高学习动机、社交技能和独立能力；更重要的是，它能够提高标准，因为学生可以更好地投入到他们的学习中。我们从 1997 年起就鼓励学校对学生进行分组（分轨）。

（DCSF，2005）

显然，这种没有证据支持的法令毫无效果。

综合关于能力分组的 14 份元分析（涉及 500 多项相关研究），结果表明其效应量为 0.12——对学生学业成就的影响甚微，这证明能力分组几乎不会改变学生的成绩，但却给学生的自我效能感带来深刻的影响（Hattie, 2009）。

施蒂格勒和希伯特（Stigler & Hiebert, 2009）在他们很有启发性的著作《教学的差距》（The Teaching Gap）中描述了学业成就较高的日本班级与学业成就较低的美国班级之间的差异。其中一个关键差异是美国教师将学生之间的能力差异视作一个问题，而日本教师将其视为一种优势。个体差异被认为有益于整个班级，因为这些差异能够产生不同的思想、方法和解决方案，为学生的讨论和反思提供了材料。东亚国家在各种国际排名（比如 PISA）中占据前列，但它们不使用能力分组，并认为班级内的差异是所有人合作学习的不可或缺的一部分。在芬兰——另一个被认为是"教育的灯塔"的国家，15 岁之前的能力分组是违法行为。

罗森塔尔和雅各布森（Rosenthal & Jacobson, 1968）实施了最为著名的教育实验之一，他们将其发现称为"皮格马利翁效应"。皮格马利翁是一位希腊雕塑家，他爱上了自己所雕刻的一座美丽女子的雕像。他轻吻那座雕像并将所有爱恋倾注于它，最终使其化为一位真正的女子，他的期望得以实现。同样，罗森塔尔和雅各布森告诉老师们，根据他们的测试结果，其中一半的学生会是后起之秀，他们会在学年中段"突飞猛进"。但这一切都是虚构的，因为所有这些"后起之秀"都是随机挑选的。不出其然，在学年结束时，大多数"后起之秀"的表现比普通学生更加优异。由于这种角色分配是随机的，研究者称，真正造成差异的是教师对这些学生的高期望所产生的作用。

这一结论导致很多人去寻找在不同情境下教师高期望的来源。它与学生的性别、种族、社会阶层、刻板印象、诊断性标签、外貌、语言风格、年龄、个性或者社交技能、师生关系、家庭背景、姓名、独生子女或者单亲家庭等因素相关吗？所有这些都没有真正成功地解释教师期望的来源。克里斯汀·鲁比-

戴维斯（Christine Rubie-Davies, 2017）认为这些都建立在一种误解之上，因为最重要的研究结果是拥有高期望的教师倾向于对所有学生都持有高期望，而拥有低期望的教师倾向于对所有学生都持有低期望。她在学年开始一个月以后进入学校，这时候教师已经对学生形成了自己的看法。她对学生进行测试，将结果告诉教师，然后让他们预测学生在学年结束时的成绩。那些对学生持有高期望的教师更有可能提高学生的学习，而那些对学生持有低期望的教师经过一年以后几乎没有对学生的成长产生影响。

混合能力策略

以同样的教学大纲教授学生——不要限制你的期望

博勒（Boaler, 2016）描述了英国大部分中学如何通过能力分组或分轨决定学生在普通中学教育证书考试（GCSE）中是采用难度较低、最高评分为 C 的数学考卷，还是采用难度更高、最高评分为 A* 的考卷。一所英格兰中学决定让所有学生都参加更高级的 GCSE 考试，不管他们先前的成绩如何，并且据此教授课程。结果令人惊叹，拿到 A* 的学生与拿到 C 的学生的人数之比从 2∶5 提升到超过 9∶10。

> 学校领导者向我解释，他们没有对学校的其他方面做出改变，只是向学校的所有学生教授更高级的数学。学生们接收到这一积极的信号、获得这一机会以后，给予了令人难以置信的回应。他们开始学习更高级的内容，从而赋予了自身拥有更光明的未来的可能性。
>
> （Boaler, 2016）

在上海一所学校的两位教师到访教授数学两周后，伦敦圣马里波恩学校的教师最近开始采用混合能力分组的方式教授 12—14 岁的学生。上海教师通常只采取混合能力分组，为了适应他们的需求，所有 12 岁的学生都被安排到混合能力班级中，而在此之前，这些学生都被按照当前的学业成就水平进行分班。在看到混合能力分组策略的积极影响以后，伦敦的教师们决定继续以这种策略教授 13—14 岁的学生。数学团队每周都聚在一起召开集体备课会议，这一做法对于课堂产生的价值不可估量。教师之间的关于学习细节的对话为专业发展提供了极好的机会。无论是教师还是学生，合作都是关于学习的效应量最大的影响因素之一。

随机配对

一种十分常见的策略是教师让学生随机组成学习搭档并且定期变换（小学通常是每周变换一次，中学通常是每三节课变换一次），这种策略在很多学校被广泛使用，并且能够即时产生混合能力分组。学生与一名随机匹配的同学坐在一起，作为他的"交谈伙伴"（talk partner），但两人可能在做不同水平的功课。任务是有差异的，但学生不是，并且避免了学生分组或分轨所造成的伤害性非常大的标签化。实际上，在运用这种策略时，学生之间的差异成了一种"优势"。在数学课上，它使学生有机会思考和谈论不同情境中的数学主题；在任何写作活动中，聚焦于成功和改进的同伴讨论通常都能够丰富每个人的想法。由于定期变换搭档，一个学年下来，学生之间能够组合成很多不同的认知和社交搭档。但不同于教师安排位置或者与固定的同桌坐在一起，学生必须适应每一种新的配对，从而避免座位很少变动所造成的学生固定扮演"帮助者"或者"被帮助者"及其他角色的现象。在某一周里，他们可能是成绩更好的学生，帮助和辅导成绩较低的学生；但另一周里，他们可能是成绩较低的学生，向成绩更好的同伴学习。如果学生定时更换座位和"交谈伙伴"，他们就一直在混合能力分组中学习，从彼此身上学习。关于这一策略的更加详细和实用的建议可以参看《卓越的形成性评价》（Clarke, 2014）。

以下评论来自 2016 年克拉克的学习团队中的一些学校的学生。这些评论谈到了随机交谈伙伴和使用姓名签的价值，并且首先对这一策略做出了概括。

学生随机坐在一起（通常由一个计算机随机发生器程序决定）。在教师向全班同学提出一个问题以后，让小组一起讨论 30 秒或更长时间。教师有一罐竹签，竹签上贴了每个学生的名字。当讨论时间结束后，从罐子里随机抽出一根竹签，决定哪一对学生回答问题。这一策略消除了"举手"文化——在这样一种文化中，有相对固定的一部分学生往往会在第一时间举手，从而导致很多其他学生没有进行思考。

我认为"交谈时间"很好，因为它让我们有时间在头脑中想出一个清楚的答案。姓名签也很好，因为每个人都有机会回答问题。

我喜欢姓名签的随机性，因为这样你就不能分散注意力了。因为你总是有机会被抽中，所以你会努力地集中精神。我也很喜欢与他人组成搭档，这样你就能够在教师提问之前找到答案。

41 我喜欢姓名签，因为那些总是举手的人就不会一直被叫到。我也喜欢和同伴交谈，因为你可以向他们学习，和向老师学习一样。

"交谈时间"是建立良好伙伴关系的绝佳例子，我可以了解到同伴的意见，这对我学习的帮助真的很大。姓名签真的很有趣，因为你永远不知道你会不会被抽到。

拼图法

混合能力分组的一种很有效的形式是拼图法，其效应量是 1.09。每一个学生负责的部分就像拼图中的一小块，对于最终产品的完成和透彻理解，都是不可或缺的。如果每一个学生负责的部分是不可或缺的，那么每一个学生都是不可或缺的，这正是该策略如此有效的原因。为了说明拼图法的其中一种方式，我们可以想象有这样一个学习任务，我们需要阅读《可见的学习》中有关五种影响因素的材料（我们经常在工作坊中布置这样的任务）：

1. 围坐在一起，用 3—5 分钟共同决定谁是 A、B、C、D 和 E。

2. 每张桌子上的 A 阅读其中一个影响因素的材料，比如课堂讨论，并做好笔记；B 负责教师清晰度；C 负责合作性分组；D 负责直接教学；E 负责班级规模。所有人都有 12 分钟左右的时间。

3. 所有 A 聚在一起，讨论潜在的议题和主要信息，B、C、D、E 也都分别这样做（大约 15—20 分钟）。这里重要的是所有学生，不管他们自以为能力如何，都可以教别人和互相学习关于每一种影响因素的内容和想法。

4. 学生们回到他们原来的小组，将主要的研究发现和理解向组员汇报。这样，每个小组都会有五组想法和理解。这一步的目的是让学生们看到五种影响因素的主要思想之间的联系。

5. 各小组分享他们的想法。开展全班讨论是为了确保所有人都理解这五种做法背后的中心思想。

通过这样的方法，混合能力分组能够产生理想的效果，因为学生同时成为教师和学习者，这为那些陷入困难或者注意力涣散和不投入的学生提供了支持，并且自始至终都对学生的参与有明确的期待。此外，在这期间，学生们有大量机会寻求和接收来自同伴的反馈。

混合能力教学与数学

混合能力教学在数学教学中尤为突出，所以在谈论特定的反馈议题之前，探讨如何解决教学中混合能力教学的问题是很有价值的。在我们审视什么是最有效的反馈之前，让每一个学生都拥有在数学上获得成功的机会肯定是第一步。

乔·博勒（Jo Boaler）的"Youcubed"网站和她的著作《课堂中的大象》（*The Elephant in the Classroom*, 2008）、《数学思维》（*Mathematical Mindsets*, 2016）描述了在混合能力班级中，所有学生以一种研究性并且非常严谨的方式探究数学，获得了卓越的学业成就。博勒提供了一个范例，这是为中学生设计的一个"低门槛高上限"的数学任务。

用 36 块 1 米长的栅栏围起来的最大面积是多少？

一个班上的学生尝试了长方形、正方形和三角形，然后有两位学生意识到最大的面积是一个 36 边形（近似于一个圆）。教师向这两位学生讲授了正弦函数，让他们能够计算每一个三角形的高，这样他们就能够算出 36 边形的面积。

另一种常见的策略是当这些学生与随机分配的"交谈伙伴"坐在一起，处于混合能力搭配中时，向他们提供具有差异性的可供选择的挑战。把所有选择都写在同一张任务单上，如果学生做了一会儿后发现由于任务太简单或者太难，自己并没有处于学习区域（或者最近发展区），他们就可以从原来的任务转入下一个任务。这些挑战的一个关键特征是它们都包含一些练习题以及需要通过问题解决或探究来完成的应用题，但难度有所不同，并且所有挑战都聚焦于相同的成功标准和学习意图。让最简单的挑战仅仅是练习，中等难度的挑战一半是练习、一半是问题解决，难度最大的挑战全部是问题解决，这种设计的效果并不好。所有学生都需要所有的元素，不应该让问题解决和探究成为少数人的特

权，因为问题解决和探究能够让学生进行深层学习和技能的迁移。更多信息可参见《数学思维》，另外，《卓越的形成性评价》（Clarke, 2014）对"挑战的选择"有详细的描述。显然，这样的数学教学革命早应该发生了。

6. 对于学习的反馈和表扬不应该混为一谈——但我们喜欢表扬！

学生无疑就像我们所有人，都喜欢被表扬。表扬可能意味着我们被看重，也可能意味着其他人喜欢我们身上的某些东西，也可能是对完成任务的认可。我们通常都能够回忆起这样的表扬，尽管它很少被认为能够有效地改善表现（Lipnevich & Smith, 2008）。表扬也可能会干扰对学习的反馈——如果没有其他原因，我们会倾向于记住表扬，而不是关于学习的反馈。当我们说"表扬"时，我们指的是对学生价值的赞扬、认可或钦佩之情的表达——通常指向完成某样产品或表现的个人或学生。这不同于"正强化"，正强化通常是对任务的积极评价，而非针对个人。

对表扬上瘾

关怀是必需的，但不要过度表扬，因为它会释放出这样一种信息：学生能力不足（给人的感觉是，教师更多地表扬班级中成绩不好的学生，以增强他们的自信），以及教师对被过度表扬的学生的表现期望太低。表扬也可能损害学生的韧性，因为它会让学生认为是他们本身决定了成功，而不是他们在学习上的投入和坚持发挥了决定性作用。有些学生成为"表扬的瘾君子"，因为他们认为不管他们的表现和学习如何，自己都会得到认可。他们寻求被表扬，但这种表扬通常与他们的学习质量无关。通常，这些"表扬的瘾君子"会寻求正面的称赞，从而巩固自尊以及在他们的同伴面前寻求被接纳。如果他们要应对有挑战性的任务，由于可能会犯错，他们就会面临得不到表扬的风险。

表扬带来的另一个问题是，如果经常表扬学生，学生会产生一种预期，假如得不到表扬，学生就会认为自己不值得被表扬，然后导致在面对有挑战性的任务时感到无助。如果我们仔细观察那些对表扬成瘾的学生，会发现他们更多地与教师有眼神接触，并且更乐于与同伴进行社会比较。由于害怕得不到表扬，他们不愿意尝试超越当前学业成就水平的任务。他们不敢犯错误，不敢接受挑战，不敢失败！学生不应该为了获得成人的表扬而投入学习，而是应该为了纯粹由学习带来的乐趣或成就感而学习。

表扬效应

斯基珀和道格拉斯（Skipper & Douglas, 2012）证明了与没有被表扬的学生相比，被表扬的学生面对单次失败时表现出更加负面的反应。莱恩等（Ryan, Miniis & Koestner, 1983）在他们的元分析中发现，如果表扬是为了鼓励某种理想的行为，那么没有任何一种形式的表扬是有效的，具体如表 2.9 所示。

表 2.9　多种类型表扬的效应量

表扬的类型	效应量
对于参与目标活动以外的某件事（比如，帮助他人）的表扬	−0.14
对于完成某个活动的表扬	−0.39
对于在活动中表现良好，达到了不同的标准的表扬	−0.44
对于参与活动（但未必完成了任务）的表扬	−0.28

这些负的效应量令人惊愕。对个人的表扬通常会指向一些学生无法控制的因素，比如他们当前的学业成就或者被感知到的智力水平（比如，"你真聪明"）。但当这些学生在之后面对失败时，与那些只被给予了反馈而没有受到这样表扬的学生相比，表扬可能会导致一种无助感（Kamins & Dweck, 1999）。有趣的是，大部分学生喜欢私下的表扬（69%），或者喜欢完全不受表扬（17%）（Burnett & Mandel, 2010; Merrett & Tang, 1994）。这可能是因为大部分表扬都指向那些被教师认为"能力较低"的学生，而大部分批评指向那些被教师认为"能力较强"的学生（Meyer, Mittag & Engler, 1986）。

对努力的表扬

对努力的表扬也可能会造成伤害，因为它可能被理解为缺乏能力的信号，尤其是对于那些认为努力和能力呈负相关关系的学生而言。对于那些以掌握为目标的学生，对努力的表扬可能会导致学习动机下降，以及过度依赖与其他学生的比较，并且在面对挫折时难以坚持下去。其他一些学生将对努力的表扬看作他们智力不足的标志，因为一种普遍的感知是学业成就较低的学生只有更加"努力"才能取得与学业成就较高的学生一样的结果。问一下你所在学校的青少年："谁是最好的学习者？"通常他们会说是那个很快完成所有事情，丝毫不用花费精力和投入努力，天生就是什么都会的人！这正好是一个好的学习者的反面。对努力的表扬所产生的效应很少是正面的。卡罗尔·德韦克补充道：

> 很多教师表扬努力，而不是结果。教师们说"哇！你真的很努力了"，是在表扬无用功。但学生知道，如果他们没有取得进步，而你在表扬他们，其实这是一个安慰奖。他们也知道你认为他们不能做得更好了。我认为，应该表扬能够带来成果或者学习进步的努力：将表扬与成果和进步联系起来。学生不仅仅需要努力，而且还需要有策略。学生需要知道如果他们陷入困难，不仅仅需要付出努力。你不会希望他们在反复运用无效的策略时还加倍努力。
>
> （Dweck, 2016）

45

表扬能够建立关系

在科恩和加西亚（Cohen & Garcia, 2014）的一项研究中，在数百堂高中英语课上，学生们撰写了文章并且接收了来自教师的评论。其中半数的学生接收到一句话："我给予你这样的反馈，因为我相信你。"那些接收到这个信息的学生在随后一年取得了相对较高的成绩，即便教师并不知道有哪些学生接收到了这句话，并且两个组别之间没有其他差异。这显示了教师在课堂中所运用的语言的力量，很多言语都传达了对学生的信念、期望和个人情感。教师所说的话都有可能被铭记一生，无论这些话是正面的还是负面的。

表扬：底线

上述的信息很简单：不要将对学习的反馈与表扬混在一起，因为表扬会干扰和稀释关于学习的信息。

> 由于认为或者相信表扬可以使学生做出反应或者取得成果而运用表扬，这很大程度上是建立在错误的假设之上，建立在泥土堆砌而成的地基上。

这样的表扬会让学生的注意力离开学习（Kluger & DeNisi, 1996），但出于以下理由，我们也可以并且应该表扬学生：表扬有助于建立关系和信任。如果偶尔使用的话，与任务无关的表扬可能是受欢迎的，并且这样的表扬应该是具体的、真诚的、准确的和值得的，最好是意想不到的，但不要过于夸张或者做作，最好是私下的而不是公开的，并且不要包含社会比较和泛泛而谈的认可（比如，"我对你此刻为自己挺身而出的行为感到自豪。你很有礼貌，但你也清楚地表达了你不会继续忍受下去。做得好。"）。

7. 外部奖励是消极反馈

证据

程序教学、表扬、惩罚和外部奖励是提高学业成就效果最差的反馈形式。事实上，关于奖励是否应该被认为是反馈仍有争议。德西、克斯特纳和莱恩（Deci, Koestner & Ryan, 1999）将有形的奖励（贴纸、奖品等）视为活动的可能收益，而非反馈，因为它们几乎不包含与任务相关的信息。他们在关于反馈对学习动机的影响的元分析中，发现外部奖励与任务表现呈负相关（–0.34）。外部奖励是一种控制策略，通常会导致强度更大的监控、评估和竞争，所有这些都被发现会削弱学生的参与度和自我管理能力（Deci & Ryan, 1985）。

（Hattie, 2009）

46

很多研究（比如, Dweck, 1989; Elliott & Dweck, 1988）表明，类似于贴纸之类的表现目标会导致学生：

- 当与他人比较时会怀疑自己的能力，因而回避挑战。
- 倾向于为失败找借口。
- 对任务的分析更关注评估任务的难度和计算获得更高的能力评价的概率。
- 将困难归咎于能力不足。
- 面对困难时轻言放弃。
- 面对困难和失败时变得沮丧。

莱珀和霍德尔（Lepper & Hodell, 1989）发现外部奖励会削弱内部动机。当学生寻求外部奖励时，他们被鼓励尽可能快地完成任务，并且只需要达到那些能够让他们获得奖励的标准。相反，对于内部动机而言，学习本身是一种奖励。成就只是用言语表达出来，能够引向更有效、更深层和更持久的学习。

外部奖励与不包含解释性反馈的评分有同样的影响力——让学生只关注与他人相比，自己的分数或奖励如何（"我有没有获得奖励？我做得比其他人更好吗？"）；如果他们持续地获得高分或奖励，就会骄傲自满（"我这么聪明，不需要努力"）；当分数一直很低或很少获得奖励时，他们则会气馁（"我不擅长这件事——为什么要庸人自扰？"）。

布莱克和威廉在 1998 年对其著作《黑箱之内》（*Inside the Black Box*）的评论性文摘中，说了这样一段非常重要的话：

> 当课堂文化关注奖励、金色的星星、分数或者班级排名时，学生就会想方设法地获得这些最好的符号，而不是思考这些符号本应反映的他们在学习上需要做什么。有一份研究报告指出，如果他们有选择，他们会回避有难度的任务。他们也会耗费时间和精力寻求"正确答案"的提示。由于害怕失败，他们不愿意提问。当学生遇到困难和坏的结果时，他们会认为自己能力不足，这种信念让他们将遇到的困难归咎于自身的缺陷，这是他们无法改变的。所以，他们"因伤退役"，避免在学习上投入努力，因为这只会带来失望，并且他们会尝试以其他方式建立自尊。尽管成绩较好的学生能够在这样的文化中游刃有余，但总体的效应是加重了成绩不佳的可能性和程度。
>
> 对学生的反馈应该与他／她的作品的某种品质相关，对他／她应该做什么才能获得进步提出建议，并且应该避免与其他学生的比较。
>
> （Black & Wiliam, 1998b）

如果学生和教师聚焦于学习意图和成功标准，挑战自我，庆祝成功和努力取得进步，那么奖励就变得无关紧要了，乃至是画蛇添足和令人分心的。相反，如果教师和学生把对学习的渴望放在首位，用语言去庆祝成功和困难，他们就会逐渐意识到只有一种奖励真正重要，那就是学习的收获。

要　点

- 反馈是形成性评价框架的一部分，形成性评价框架包括学习意图、共同设定的成功标准、知道优秀示例是什么样的、有效的提问和反馈。
- 技能、倾向和动机：有效学习和有效反馈需要建立在学生带进任务中的技能、理解和运用学习特质的能力，以及对学习的兴奋感和好奇心之上。
- 思维模式和心智框架：我们希望学生在面临挑战或者不知所措时运用成长型思维，而非固定型思维。这样的思维框架需要他们知道如何学习、如何谈论学习，并且感到有责任促进自己的学习和在学习中与他人合作。
- 错误是学习的机会，不应该被视为一种应该避免的东西或者失败的象征。
- 混合能力分组是最大限度地提高教师和学生的期望和学业成就的必要条件，并且能够使学生之间产生更高水平的反馈。
- 虽然表扬有助于建立信任和积极的关系，但不要将表扬和对学习的反馈混在一起。表扬可能会使人避免在学习上投入努力。
- 外部奖励与任务表现之间呈负相关。所有类型的反馈都应该避免与其他学生做比较。

第 3 章　教与学的框架

　　到目前为止，我们已经回顾了"反馈"这个概念的发展，以及一种理想的反馈文化是什么样的。本章我们将聚焦于教与学的结构。我们相信，要让反馈有效，无论这种反馈往何种方向传递，以下结构能够为其提供最好的框架：（1）用先前知识进行课堂导入；（2）分享学习意图；（3）共同设定成功标准；（4）运用SOLO分类法的各个阶段。

　　图 3.1 所展示的学习周期描述了这些结构最常出现的地点和时间，但学习是一趟曲折向前的旅程，充满了记住然后又遗忘的过程，因此这些不同的阶段仅仅是促进这一旅程，而不是支配它。

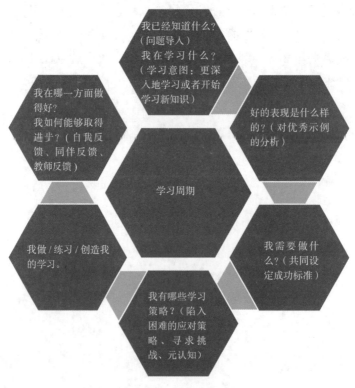

图3.1　学习周期

1. 用先前知识进行课堂导入

奥苏贝尔（David Pawl Ausubel）认为先前知识非常重要，它决定了教师应该教授什么（因此可以让反馈更准确地聚焦于学习）。这一观点值得我们重视：

> 影响学习的最重要的一个因素是学习者已经知道的东西。弄清楚他知道什么，然后据此开展教学。
>
> （Ausubel, 1968）

避免断裂

如果时间很短，而需要教授的内容很多，教师很容易会跳过对先前知识展开讨论的导入部分，直奔主题开始他的教学计划。当教师没有第一时间调查清楚学生当前的理解时，"断裂"就会发生。学生可能会不记得昨天学习的东西，因而也就没有很深入的理解。还有另一种情况，他们可能无法展示出超越教师期望的理解。但无论是哪一种情况，当这样的迹象显示出来时，往往需要在上课期间对教学计划做出调整。更糟糕的是，无趣或缺乏理解可能会导致行为问题，使情况进一步恶化。开始上课时，最重要的因素是教师需要聆听来自学生的关于他们知道什么、不知道什么的反馈。

我们也要注意，我们经常假设学生不知道下一节课的材料。纳托尔（Nuthall, 2005）发现课堂所教的 50%—60% 的材料已经被学生所了解。这可能是提供了过多的支架！

教师需要做到两件事：

（1）过度地规划课堂是不明智的，这会使教师的任务固定在开展特定的活动上，而忽视了学生的理解。相反，把学习意图、共同设定成功标准的机制，以及事先计划好的先前知识问题、资源等作为基本要素，能够让教师随时改变方向。

（2）花五分钟左右的时间，讨论一个先前知识问题或者做一项关于先前知识的活动，对课堂的学科主题进行反思，有很多好处：学生即时参与到讨论中，并反思他们当前对课堂重点的理解；教师可以聆听学生的对话，评估学生目前的理解水平，并决定如何上这堂备好的课。正如本章谈到的很多方面，在先前知识上投入的时间是一种投资，长期来看能够节省时间。

以下导入问题的模板（见表 3.1）都是教师们成功使用过的范例。有些问题可以继续延伸和拓展，另外一些问题只是为课堂做铺垫，让先前知识有机会被展示出来——这是学生对教师的非常有价值的反馈。导入问题旨在让学生能够认识到和展示出他们已经知道多少内容，从每一节课的一开始就展开自我评价的过程。

表3.1　课堂导入问题模板

问题模板	范例	范例	范例
答案的范围	5 的平方是多少？讨论以下答案，并解释得出错误答案的可能原因：3、7、10、25、125	哪一种体育运动可以提高心率？讨论：骑单车、步行、打高尔夫、游泳、跳伞、投标枪	哪一种策略可以说服别人？讨论：证据、偏见、共情、威逼、客观、贿赂
陈述	摩擦力总是有用的。同意或不同意？说一下为什么……	金发姑娘是一个窃贼。同意或不同意？说一下为什么……	356 的 45% 大于 285 的 54%。同意或不同意？说一下为什么……
挑出不一样的	下面哪一个不同于其他？1/2、25/50、1/3、3/6。说一下为什么……	下面哪一个不同于其他？Slowly、carefully、bright、happily。说一下为什么……	下面哪一个不同于其他？坚果、肉、鸡蛋、生菜、鱼。说一下为什么……
哪里出错了？	"看！爱丽丝说，"那里有一只白色的兔子！"讨论一下……	（展示一幅没有正确连接的电路图）讨论一下……	$18 \times 5 = 10 \times 5 + 9 \times 5$ $= 50 + 45 = 95$ 讨论一下……
向其他学生解释……	你怎么知道 1/3 大于 1/4？	明喻与隐喻的区别是什么？	光合作用是如何发生的？

51　　教师学习团队的一名教师做了一个运用对先前知识的讨论进行导入的实验，她在其课堂一开始运用了如下的例子：

- 小数与整数有哪些相同点和不同点？（数学）
- 句式多样性对小说更重要还是对非虚构类文体更重要？（语文）
- 在你学习过的哪一个时代，玛雅人给你留下了最深的印象，为什么？（历史）
- 维雅克到目前为止做过的最困难的三个决定是什么？（语文）

学生对利用有关先前知识的讨论进行导入做出了下述评价。尽管在教师看来，讨论导入的价值在于从学生那里获得他们已经知道什么或者想到什么的反馈，但一些学生明确地提到了他们也通过讨论来学习的事实：

> 我觉得那种类型的问题更好，因为当你与同伴讨论时，可以思考得更加深入。
>
> 我喜欢开放性问题，因为它有助于我思考以及与我的同伴交谈。我喜欢聆听其他人的答案和理由。
>
> 我喜欢这些问题。你不能直接得到答案，必须与你的同伴讨论。
>
> 它能够加深我对一些简单知识的理解。我也喜欢与同伴一起提出新的想法，并对其进行适当的讨论。
>
> 这些开放性问题真的加深了我的学习，让我对这些问题涉及的主题有所理解。这对我来说是一种很好的学习方式。

根据反馈采取行动

与教师向学生传递的反馈一样，问题在于反馈是否被理解、教师是否依据反馈采取相应的行动。使用先前知识导入提供了学生向教师传递的反馈。教师是否做出回应以及如何回应是关键问题。仅以相同的方式重新教授一次被误解的概念显然是不明智的，建议的做法是让学生两两搭档，互相成为学习的检查者和辅导者，或者让学生志愿来到前面担当"小老师"，这些策略将学生视为他们彼此的学习资源，比教师认为自己是唯一的教师更加有效。如果教师发现自己计划的一些活动是不必要的，这就意味着可以设定更高的目标，将重点放在巩固或应用先前的学习上——进入深层学习。

谢林汉姆学校的领导者加里·威尔基（Gary Wilkie）分享了他对反馈的看法，并且提供了他在一位教师身上看到的有效反馈的案例：

> 反馈是我现在所称的"学习对话"的一个极其重要的部分，但我想知道反馈有多少次被"正确地运用"了，有多少次它成了形成性评价循环的一部分。我并不是完全确信在作业上写上一些反馈会带来不同，言语反馈很好，但如果反馈没有告诉教师或者学生下一步怎么做，那么肯定不会是很有效的。

52

我最近看到过的关于反馈的一个最好的例子是在我参与合作教研的时候。它包括在课堂与教师会面，与他们谈论对这节课的期望，观察课堂，然后与他们就课堂的实施情况进行一次真诚的对话。在这次特别的课前对话中，教师谈论到这一节课要教的内容与他们所计划的教学流程有极大的差异。她从学生的表现以及与学生的谈话中发现学生并不是完全掌握了如何计算一个数的10%，所以原先计划的关于累加百分数的内容需要调整，加入更多的计算练习和现实生活例子，确保学生能够理解这个概念，并由此更容易记住它的计算方法。在经过调整的课堂上，教师给予学生反馈，告诉他们昨天在哪些地方做得很好，并将其作为一个关键概念运用到他们现在要应对的新情境中。我看到的这一节课非常成功。

（加里·威尔基，谢林汉姆学校）

2. 分享学习意图

对于学习和反馈而言，分享学习意图都是一个基本要求（Sadler, 1989）。如果不知道学习意图，学生们就不知道他们是如何被评价的，他们的任务就变成了研究或猜测教师想要他们做什么，而不是参与活动和实现学习目标。

如果教师让我画一条彩虹，而我不知道学习意图，我就不知道教师会以什么样的标准评价我的作品，或者教师想做什么。但如果有人告诉我，我们要学习如何调色，整一节课就会聚焦于这一技能，我的目标和关注点就会变得十分清晰。分享学习意图的另一个原因是我们可以在更宏大的背景中思考我们要掌握的技能，从而为应用这些技能提供可能性。比如，我有一次看到一位教师告诉学生，他们要学习"一根香蕉的旅程"。她的真正意图是让学生理解"资源开发"，而她选择了这一个例子来教授这个概念。但她从没提到过她的真正意图，所以学生们获得的经验是这些香蕉是如何从原产地运到我们国家的。相反，如果她向学生解释学习意图是"资源开发"，或者如何把不同的产品从一个地方运到另一个地方，那么学生就可以对她所说的不同资源是如何被开采、包装和运输的展开头脑风暴。这样，"一根香蕉的旅程"就只是我们可以探究的众多可能的旅程之一，学生现在就明白如何探讨其他资源的产地和开发它们的可能性。让学生知道核心的学习意图，而不仅仅是学习活动，可以让他们更好地理解和应用新的知识。正如下面几页要说明的，由于成功标准是学习意图的分解（"你必须做什么才能实现学习意图？"），知道学习意图所涉及的每一项技能可以让学生共同设定成功标准的过程更加清晰和简单。

因此，学习意图让教师聚焦于：

- 我希望学生学习什么（而不是做什么——一个重要的区别）？
- 我如何清晰地表达学习这些内容的好方式？
- 我认为一个已完成的优秀作品（作业）看起来是什么样子的？

反馈首先应该与课堂的学习意图和成功标准联系起来，尽管很多与这些特征没有清晰联系的其他课堂因素，比如社交和元认知要素、意料之外的才能等，同样需要从教师传递给学生的、学生之间的以及从学生传递给教师的反馈。

分享学习意图的时机

在上课开始前在白板上书写学习意图，这种做法适合于某些课，但对另一些课来说，可能在上课前就扼杀了学生的兴趣。记住利用先前知识导入的重要性，有关先前知识的讨论往往能够向学生展示预期的学习意图。

选择分享学习意图的时机的一个基本原则是：如果学生不知道学习意图会影响自己的表现，进而影响到教师所做的评价，那么就必须让学生知道。

有时候，一个总体的学习意图可以被分解成其所涉及的过程的不同方面，分几天完成。比如，在关于写作平衡论证（balanced argument，一种关键的写作技能，包括辩护和驳斥）的系列课程中，为期一整周的学习之旅可能是这样的。

学习之旅：平衡论证

1. 分析好的和不好的平衡论证的例子。
2. 设定成功标准，用往届学生的习作作为例子，从中发现这些标准。
3. 整个班级一起写一个平衡论证，并修改和改进。
4. 自己写一个平衡论证，自我改进或与同伴一起改进。

这种"全局观"有助于学生看到学习的进度。拼图的每一个部分是如何拼合在一起的，这通常是我们不想让学生提前知道的秘密，但这是连成年人都无法忍受的事情。试想一下，如果我们要开始一系列艺术课程或者参加一天的课

程，却没有日程表，对每一个环节的内容毫无头绪，我们的学习动机会受到什么样的影响？除了影响动机以外，如果我们不了解"全局"，那么即便在学习发生时，我们也无法将碎片化的学习融合成整体。正如下文所述，SOLO 也是一个很有用的工具，它能够展示出在一段学习旅程中心智模式的变化。

学习意图应该是什么样的？

真实

对于学生而言，学习意图必须是真实的，它要反映出课堂上真正要教授或学习的内容，必须要具体，但无须过度精确。比如，戏剧《罗密欧与朱丽叶》的系列课程中，每一课都可能会有不同的学习意图，尽管每一个学习意图都是从课程的总体目标中分解出来的。问任何一位教师："你真正想让学生在课堂上学到的内容是什么？"他们很可能会给出一个很具体的答案。这个答案往往就是教师应该告诉学生的学习意图。

去情境化

如果情境对技能不是很重要，那么学习意图就需要去情境化（decontextualized）。所以，学习为圣卢西亚的假日设计一张海报不是一个可迁移的学习意图，但学习如何设计一张海报可以迁移到不同情境和不同学科中。当然，学生会知道和讨论这一节课的情境，比如制作一张旅游海报或者校园活动海报，但指出所有不同的可能情境有助于学生看到他们要学习的核心通用技能。学习意图去情境化的另一个重要原因是，接下来要设定的成功标准同样也需要去情境化才更有利于迁移。如果我们要分解一个情境化的，因而也是不适当的学习意图，成功标准就可能会是这样的（见图 3.2）。

怎么才能避免学习意图情境化？

我们要学习为圣卢西亚的假日设计一张海报　　**不要这样做！**

记住要加入：
- 一张海滩的照片
- 一张酒店住宿的照片
- 关于圣卢西亚的信息
- 说服性的语言
- 度假的费用
- 清晰地标明景点的名称

学习意图包含情境——这样，学习意图就只适用于这一节课。当然，这里列出的特征可能会被讨论，并且在这一节课中被强调，但它们更多是活动步骤，而非成功标准。对技能进行分解的成功标准是最有效的，而不要做成活动说明。

图 3.2　根据情境化的学习意图设定的成功标准

一旦学习意图去情境化，并聚焦于一项核心技能上，共同设定成功标准就变得很有意义。对于这一节课，向班级展示上一届学生设计的一张优秀海报和一张不太好的海报，可能会很有用。让学生进行同伴讨论，不仅可以展示他们的先前知识，同时也让他们实时地参与讨论为什么海报 A 比海报 B 更优秀。寻求他们的回应，并记录最好的海报应具备什么特征，这能有效地为海报设计建立成功标准。你可能会期待看到下面的成功标准（见图 3.3）。

如何才能做到学习意图去情境化？

我们要学习设计一张有效的海报

记住要加入：

- 清晰和字号较大的字体
- 重要信息（比如，费用、日期和时间）
- 吸引眼球的相关照片
- 与背景呈鲜明对比的用色
- 有说服力的宣传语

更好！

这里的学习意图纯粹是一种技能，因而成功标准可以被迁移到任何的海报设计中。

图 3.3　根据去情境化的学习意图设定的成功标准

学习意图有多少种？（知识与技能）

尽管一节课通常只有一个学习意图（学习重点），但通常有两种形式的学习意图在发挥作用：你希望学生习得的知识，以及他们习得知识或者运用知识所需的技能。教师需要在适当的时机让学生知道这两种形式的学习意图，但基于技能的学习意图通常与整个过程的成功标准紧密联系。知识习得对于技能发展极为重要，也提供了一种有吸引力的和趣味盎然的情境，但知识的分解最好放在课程计划中，而非成功标准中。技能使我们能够将其运用于生活的任何情境中，同时能够在任何情境中学习我们想学的东西。关键在于提前告知学生关于学习目标的信息，这样他们就能在这个学习周期中合作共赢。所以，知识的学习意图可能是这样的：

- 了解伊拉克战争的关键事件。
- 理解"经度"和"纬度"这两个术语。
- 了解三维图形的属性。
- 了解美国内战的原因。

56

这些目标隐含所要学习或探究的信息，但我们希望学生不仅知道这些目标，而且在练习或者发展技能时能够运用它们。我们很少只向学生提供信息，我们通常还要求他们运用这些知识去做一些事情，以某种方式呈现出来，或者与另一种通常来自其他学科领域的技能（比如，读写能力）一起使用。与这些知识学习目标相联系的可能的技能可以是：

- 了解伊拉克战争的关键事件 + 能够写一篇日记。
- 理解"经度"和"纬度"这两个术语 + 能够写一篇说明文。
- 了解三维图形的属性 + 能够使用韦恩图。
- 了解美国内战的原因 + 能够通过信息来源区分事实和意见。

因此，两种类型的学习意图都应该被展示出来，但只有技能与成功标准有密切的联系，成功标准作为学习意图的分解，将技能分解成各个组成部分或者可能的要素。

在学生的本子上写上学习意图——值得这样做吗？

帮助最小的做法之一就是要求教师将每一次课业的学习意图都写在学生的本子上。虽然一个熟练的书写者能够很快地把它写下来作为课业的标题，但很多教师为了落实要求和证明他们知道自己在做什么，通常会花费很多宝贵的备课时间来裁剪打印好的学习意图，并粘贴在学生的本子上。问责与学生学习之间一直存在一种张力，在我们看来，这需要学校领导者勇敢地做出清晰的表态——学校的所有实践都只有一个目标，即促进学生的学习。当然，"认识你的影响力"是促进学生学习的核心，因为如果你能够证明将更多的时间用于备课，结果是学习取得了进步，或者将备课的时间用于在学生的本子上抄写，结果是学习退步了，那么应该采取什么行动就一目了然了。

3. 成功标准

罗伊斯·萨德勒的"缩小差距"的三个标准，将以下这个必要阶段作为成为一个有效学习者的第一步：

> 对想要实现的标准（或者目标，或者参照水平）拥有一个概念。

（Sadler, 1989）

我们之前已经描述了学生知道学习意图的重要性，但为了对这个意图形成概念，教师需要做更多的事情。成功标准（效应量为 1.13），以及分析已完成产品中的优秀案例，有助于建立这个"概念"。"成功标准"的概念在过去 20 年里不断发展，所以为了理解目前对其形式的一些思考，回溯一下它的历史会很有帮助……

"成功标准"的历史发展

英国在 1989 年第一次实施国家课程后，将学习意图记录下来成为所有教师都必须完成的法定义务。一旦教师在他们的头脑中思考课堂的学习意图应该是什么样子的，他们应该如何将学习意图呈现给学生，下一步自然而然地就形成了"成功标准"——学生必须做什么才能在这一次功课中成功实现学习意图？

一开始，成功标准倾向于是成果导向的（比如，"到最后，你会写出两个文段"），但没有告诉学生如何实现它。也有一些成功标准是一个任务所涉及的每一个基本步骤，这些基本步骤是每一个任务都需要的，但和学习意图相比，它们通常与具体情境有更大的关系（比如，"先把图片裁剪出来，按顺序把它们贴在蝴蝶纸上，然后上色，记住正确的颜色"）。就在这个时候，我们发现如果成功标准是一个去情境化的或者纯粹的技能的分解，并且聚焦于过程，而不是对成果的期望或者是任务步骤，学习的进步就会发生。吉林厄姆评估研究（Gillingham Evaluation Study）（Clarke, 2001）的总结中指出，如果教师建立了一个基于过程的成功标准，并且将其与一种去情境化的技能（比如，"你需要记住加入以下……"）联系起来，聚焦于在这个过程中需要完成什么，那么学习会更加有效。研究者也注意到"成功标准"与美国所说的"量规"有密切联系。克拉克在超过 17 年的时间里与教师们一起对形成性评价策略进行了评估，她们的工作使我们看到能够最大限度地促进学习的成功标准的不同类型及其作用。学习意图可以是：

（1）封闭性的（比如，语法、标点符号、数学步骤——对或错），其成功标准也同样是封闭性的或者强制性的（记住某某），通常是记忆规则或者步骤。

（2）开放性的（比如，故事结构、记叙文写作、艺术——质性的，难以量化），其成功标准是一个可能包含的项目的清单，通常是选择性而非强制性的。

所以，成功标准只是学习意图的分解，为学习的质量提供了一个基准。当目标被具象化地（比如，通过完成的产品）展示出来、被分析或者进一步发展时，学生就能够获得学习意图的完整概念。当成功标准是与学生共同设定的，

58 而不仅是教师给予他们的时，学生就会更有可能理解和内化其含义，并"对目标有一个概念"。

一旦学习者明确了成功标准，他们就拥有了一个与同伴或成年人开展形成性对话的框架，这使他们能够：

- 知道学习目标意味着什么；
- 知道一个封闭性学习目标（比如，计算整数的百分比）所涉及的必需步骤，或者特定写作形式（比如，新闻报道）的要素；
- 知道一个开放性学习目标（比如，写一个恐怖故事的开头）的可能的要素；
- 辨别在哪个地方成功了，以及在哪个地方可能需要帮助；
- 更清楚哪里可以继续进步；
- 讨论改进的策略；
- 反思学习进程。

与封闭性和开放性学习意图相关的两种类型的成功标准

成功标准可以是一些强制性要素，比如在这个例子中：

> **学习意图：使用引号。**
> 当你做到以下几点时，你就获得了成功：
> - 每一个新角色的发言都要另起一段；
> - 在发言之前和之后都要用引号；
> - 把句号、感叹号等放在后引号前面。

或者是一个可能元素的清单，比如：

> **学习意图：运用悬疑的手法写一个故事。**
> 从中选择：
> - 侧面烘托而不是直接描写（比如，"她脖子后的头发都竖起来了"，而不是"她很害怕"）；
> - 用短句来营造悬疑的氛围（比如，"它爬向我，缓慢地，满怀恶意地"）；
> - 让某些东西保持神秘，不要揭露出来（比如，"她好像听到某样东西在尖叫"）；
> - 将角色置于一个恐怖的环境中（比如，独自一人或者在黑暗中）。

　　第一种类型的成功标准（封闭性学习意图中的强制性要素）是表层学习的特征，实现这种成功标准可以让学习者有能力应对更加复杂的任务；第二种类型的成功标准（开放性学习意图的可能元素）是深层学习的例子，它让先前的学习得到提取、巩固和应用。

　　这两种主要类型的学习意图及其成功标准，可以分别被描述为封闭性的和开放性的，或者规则和工具。最简单的学习意图是具体的、封闭性的技能，包含强制性要素，并且通常需要被学习或者记忆。只要正确地遵守了这些规则，所有学生都能达到同样的成功——质量并不是一个问题。简而言之，如果目标是学会正确使用逗号，那么只要正确地达到所有标准，对于这一学习意图，所有学生都能达到同样的成功。我们不会争论谁的逗号是最好的！开放性学习意图的成功标准则更加复杂，它包含了一个可能元素的清单，需要对好的案例进行分析。比如，在塑造人物时，我们无法强迫学生选择哪一个标准，因为每一个学生的写作都是独特的，应该根据他们的写作质量以及是否达到了任何一个成功标准做出评判，尽管有些教师会强调某些成功标准，如果他们想要学生在那一课上关注那些标准的话。成功标准可以向学生提供清晰的反馈，使他们了解自己的学习要达到什么水平。

强制性成功标准：规则

封闭性学习意图与强制性成功标准（规则）的例子：

> **我们正在学习……**
>
> 　　使用大写字母和句号（成功标准：句首、头衔、人名和地名的首字母要大写；句号放在句子的末尾；感叹号和问号的用法与句号一样）。
>
> 使用竖式加法
>
> 学会使用引号
>
> 等式简化
>
> 学会画条形图
>
> 学会使用本生灯
>
> 用德语说出颜色
>
> 分割数
>
> 代数中的去括号

60 非虚构写作的学习意图同样也可以被归入"规则"的范畴，尽管它不同于上面那些，并不保证质量。非虚构写作学习意图（规则）的例子：

> **我们正在学习……**
>
> 写一封信（成功标准：地址放在右上方；日期放在地址下方；可选择正式或非正式的开头——"亲爱的史密斯先生"或者"亲爱的爸爸"；在"亲爱的"下面一行开始写正文；选择一个合适的署名）。
>
> 写议论文
> 写一个推理论证
> 写一篇新闻报道
> 写说明文

所有这些都有一套成功标准，显示了不同文体的必要结构。例如，一篇新闻报道必须有标题、副标题、记者名字等，因为这是一种传统的结构。然而，结构中一旦包含写作，质量就成了一个问题，仅仅是达到成功标准无法保证写出优秀的作品。质量的提高有不同的因素，比如学生自己的阅读，以及更重要的是在学生尝试写作之前和写作期间，整个班级分析了多少优秀作品的案例。

对反馈的启示

在上述第一个例子中（封闭性学习意图与强制性标准），反馈可以有效地聚焦于标准。为了实现学习意图，学生必须遵守标准，因此反馈必须针对未达成的标准给予建议。对于封闭性的标准和学习意图（比如，数学解题步骤或者标点符号的使用规则），反馈通常不过是提醒学生注意规则，以及鼓励他们勤加练习。显然，学生在任何程度上欠缺理解，反馈都需要聚焦于那些似乎是绊脚石的东西——需要即时的诊断。如果数学解题步骤一直出错，比如学生对"位值"概念的理解有明显错误，那么在他正确理解"位值"这个概念之前，继续进行这个数学解题过程就毫无意义了。

但在上面第二个关于非虚构写作的例子中，反馈有两种主要功能：

（1）提供关于是否包含构成文体的传统结构的强制性要素的信息（巩固表层学习）；

（2）判断是否"成功"，或者指出习作中的佳词佳句，提供提高写作水平的建议，聚焦于习作写得怎么样（习得和巩固深层学习，以及迁移）。

教师往往基于这种类型的学习意图和相应的成功标准，向学生展示"好文章"的成功标准（见下文中 9 岁及以上学生的一个典型案例）。因此，学生运用第一种类型的成功标准（写一篇新闻报道）作为他们写作的结构性指南，运用第二种类型的成功标准（什么是好文章）作为他们写出更好的作品的指南。"好文章"的成功标准是对所教技能的总结，与学生的年龄层有关联，同样也是对于写作过程中要点的指导。它们通常出现在教室的板报上，它们都是一些在具有不同学习意图的学科之间共通的因素，"每当我们写作"标准和"每当我们做数学题"标准都是十分常见的教室板报内容。事实上，对于中学的每一个学科，都可以制作类似的"每当我们做……"板报，提醒学生总是要检查的要素。这些标准构成了一个巩固、应用和迁移所学技能的工具箱。比如，适合 6 岁学生的"每当我们写作"标准可能包括在每个单词之间留出指尖大小的空间和根据单词发音等，而适合 14 岁学生的标准可能包括检查拼写和语法，及运用 PEE（point, evidence, explain，即观点、证据和解释）等主题。因此，我们可以看到，成功标准可能是固定的和强制性的，也可能是短期或长期的质量指南。以下的成功标准（什么是好文章）被制作成教室板报，其目的是在学生写作时作为探讨的内容——可能每次只能谈及一到两点。这与为特定技能（比如，写作）共同设定的，只适用于某几节课的成功标准有所不同。

什么是好文章？（可长期使用的成功标准板报，以问题的形式呈现）

- 你希望你的文章对读者产生什么样的影响？
- 哪一种手法能够最好地达成目的？（比如，对话、倒叙、环境描写、关键事件等。）
- 你有没有在你的文章中避免陈词滥调？
- 你有没有确保你所使用的形容词告诉了读者一些他们不知道的东西？
- 你有没有选择一些有趣的、信息量大的名词和动词？（比如，"警察盯着那只散发出光芒的老鹰"，而不是"那个人看着一只鸟"。）
- 你有没有向读者展现人物角色的感受和外表，而不是直接告诉他们那个人的特点？
- 你希望读者在读完结局时会有什么样的感受？选择最能实现这一效果的写作方式。
- 你有没有运用明喻、暗喻、押韵、副词、拟人等技巧，如果它们能够产生你想要的效果？

选择性成功标准：工具

开放性学习意图通常与某个学科或主题的记叙性写作相关，整个班级都可以运用相同的成功标准，但最终产品的质量会有所不同，即便所有的成功标准都被实现。前面所提到的"悬疑写作"就是一个很好的例子。

> **学习意图：悬疑写作。**
>
> 从中选择：
>
> - 侧面烘托而不是直接描写；
> - 运用倒叙；
> - 运用省略；
> - 重复用词；
> - 让某些东西保持神秘，不要揭露出来；
> - 将角色置于一个恐怖的环境中（比如，独自一人或者在黑暗中）。

学生可能会选择其中一些成功标准，但仍然写不出最高质量的文章。班上的另一位学生使用同样的成功标准，可能写出来的文章比第一位学生质量更好。这就是成功标准的局限性。对于写作任务而言，尽管成功标准向学生提供了实现开放性学习意图的各种可能途径的工具箱，但它们并不能确保卓越的表现。通过让学生接触和阅读好文章，并对其进行分析，向他们提供如何以及从何改进的有效反馈，他们才最有可能在自己的写作中达到卓越的标准。

对反馈的启示

如果反馈只关注学生写作的成功标准，那么其中一个问题是，我们可能会发现忽略了很多优秀的范文，因为它们并不符合任何成功标准。我们要记住记叙文写作的目的——实现作者的意图以及对读者产生影响是终极目的，成功标准只是为这个过程提供素材和结构。以下片段摘取自一位小学生的日记，这是一个达到日记写作标准的好例子，但最令人惊叹的是，这位学生以不同的方式运用了"sick"这个词，这（肯定！）没有被列在成功标准中。

> 于是，我们乘坐了一辆非常酷炫（好的那种"sick"）的七座巴士去圣迭戈动物园……。我最喜欢的动物是狮子，虽然它在玻璃后面做自己的事情（坏的那种"sick"）。回家的路上，我在巴士上感到不舒服，而且吐出来了（好吧，这次是表示呕吐的"sick"）。

如果我们只关注学生有没有运用成功标准，可能会使他们认为只有包含那些元素的才是好文章，而不关心那些作品让人有什么感觉或思考。

只要学生写作的基本结构与成功标准一致，反馈就最好聚焦于发现任何类型的优点，让它们成为学生将来写作的指南，让学生知道好文章看起来是什么样的。对作文定期开展同伴相互讨论，学生就会变得非常擅长发现文章里"写得最好的地方"，并且能够将他们的理由清晰地表达出来。辨别好文章的能力，离不开关于从何以及如何改进的反馈。尽管下一章会谈到这一点，但我们在这里也有必要指出，最有用的改进建议是提供清晰的案例，而不是含混不清的建议，聚焦于如何改进当前的习作，而不是任何未来的计划，后者可能处于一种完全不同的情境，因为这些建议很难从一个情境迁移到另一个情境，并且随着时间的推移，也更加难以实施。

13 岁学生的英语教师分享的案例

学习意图：分析歌谣的特征

用几节课的时间，学生阅读和分析歌谣——使用表 3.2 来比较相似点、差异点，归纳歌谣的特征。

表 3.2　歌谣分析表

	歌谣 1	歌谣 2	歌谣 3
故事			
寓意			
副歌			
节奏			
押韵			
形式			

学生分析了三首不同的歌谣，并且发现和记住了它们的一些共同特征。学生并没有意识到，在这样做的同时，他们也是在为下一个活动建立成功标准。

在这节课开始时，我告诉学生，他们将要学习以歌谣的风格写作。这一刻，学生们都在抱怨和叫苦，他们都被这个艰巨的任务吓倒了……

我让学生们研读《左撇子和奈德的悲伤故事》的首节和末节，然后提问，让学生与同桌一起讨论以下几个问题：

- 首节和末节告诉我们关于两个角色的什么事情？
- 歌谣中有一段副歌，它是什么？在哪里出现？
- 歌谣的押韵规律是什么？
- 你会怎么描述这首歌谣的节奏？

这些问题都与上面的表格中的各个方面相关。

然后，我就学习意图、内容和成功标准向学生提问。为了建立成功标准，我让学生们思考上述问题的答案，以及归纳前面这些歌谣的特征。学生们很轻松和自信地完成了任务，不害怕将他们的想法分享出来，这使他们对自己的知识感觉良好。学生们复印了表3.3，用于帮助他们创作自己的歌谣。

表3.3　歌谣写作的学习意图、内容和成功标准

学习意图	内容	成功标准
写一首歌谣	左撇子和奈德的悲伤故事	押韵方式：AABB 节奏：快速——每行4个节拍 副歌：每一节最后两行 每节4行 共写出7节

学生与同伴讨论可能的故事线，并与全班分享。然后，学生用流程图独自设计自己的"左撇子和奈德"的故事，根据成功标准写作他们的歌谣。经历过前面的负面反应后，学生已经忘记了他们的怀疑，并且迫不及待地开始做起来。所有人都对任务和成功标准感到满意。让他们都意想不到的是，每一个学生都非常享受这个过程，并且以一种高昂的情绪结束了课程。

学生不再对特定任务或学习意图感到困惑。共同设定成功标准提高了学生的自尊，因为他们为课堂讨论做出了贡献，并且根据成功标准完成了他们的作品。我相信，这种高度的自尊让我与学生的关系更加密切了，因为我们之间更少出现对立的情况，有更多积极反馈的机会。在总体上，学生们更加积极地参与到课堂中，并且获得了帮助同伴和参与讨论的能力。

结果是，学生对英语有了更大的热情。

（摘录自 Clarke, 2005）

数学学科的成功标准

与大多数学科一样，数学中也有聚焦于封闭性技能的学习意图，这些技能需要被巩固、被过度学习，并最终被存储在我们的长时记忆中。此外，也有一些数学计算，需要我们提取和运用已学到的策略才能解决。当这些技能能够被应用于不同的情境时，深层学习和迁移就发生了，学习者在不同的情境中必须做出选择以实现成功。成功标准反映了我们当前的学习意图的类型，因此：一个包含强制性步骤的封闭性过程很可能有一套逐步推进的成功标准；而计算可能要从多种可能的方法中选择；与数学问题相对应的是问题解决式的成功标准（见表 3.4）。

表 3.4　数学中的各类成功标准

特定技能的封闭性成功标准（表层学习）	当学生已学会一系列技巧时的开放性成功标准（表层巩固）	聚焦于问题解决过程和决策的开放性成功标准（深层巩固和迁移）
用竖式计算两位数加法	两位数加法	解决文字题：你已经在这个世界生活了多少个小时？
记住： • 先加个位数 • 进位 • 再算十位数，记住有没有进位	从中选择： • 心算 • 使用数轴 • 竖式 • 先加十位数，再加个位数，然后再相加 • 分割数	记住： • 估计答案 • 在关键字底下画线 • 选择一种方法 • 选择资源 • 如果不奏效，改变你的策略 • 换一种方式检查你的答案 • 将你的答案与你的估计进行比较

16 岁学生的数学教师分享的案例

引入过程性成功标准对我的教学和学生的学习产生了立竿见影的积极影响。我没有使用"过程性成功标准"这个术语，而是使用了"指引"或者"……的方法"，确保学生能够理解我在讲什么。在我用例子进行说明时，我们一起决定了"指引"应该是什么样子的。他们喜欢选择他们能够

65

理解的词语，因为这让他们对主题和课堂拥有一种自主感。

最成功的例子是两个高阶的主题：标准差和比较饼状图。学生对这些将要学习的课程感到不知所措，因为他们害怕这些内容超出了他们的能力，但通过一起合作决定"指引"是什么样的，他们感觉到自己有能力掌握这些内容。

当他们反复运用这份"指引"来解答问题时，有些学生开始意识到他们为什么要采取特定的步骤。运用"指引"成为理解的基础，而不仅仅是执行一种方法。我听到学生们说：

"噢，你将第二步的所有答案都求了平方，因为当你将每一个值都减去平均值时，会得到若干个负数，……你不想使用负数，那太难了。"（15 岁）

"我不是很确定，但你将第一个饼状图的面积除以它代表的人数，就会得到每个人所代表的空间。那是对的，因为在第三步，你把它乘以第二个饼状图代表的人数，然后你就得出了它的面积。"（16 岁）

我最喜欢的评论是：

"噢——，我明白了！"（16 岁）

学生的学习、意识和互动的改变对我在课堂中的角色有很大影响。我的学生知道要做什么，因为那就在他们眼前。师生的互动有所减少，他们互相帮助，也会向我求助。我有更多时间观察他们的学习。

〔菲利帕·路艾（Phillipa Rouet），布里斯托尔市威士伍德社区学校；

摘录自 Clarke（2005）〕

共同设定成功标准

尽管仅给予学生一系列与学习意图相关的成功标准看似更加迅速和简单，但这可能会造成标准被误解甚至被忽略。在任何情况下，若是学生仅被给予一个标准的清单，而没有看到如何应用它们，这种做法就消除了成功的一个关键要素——能够预先看到和分析优秀案例或者不同版本的优秀案例分别看起来是什么样的。

共同设定成功标准的影响：

■ 学生变得更加独立；
■ 学生对他们的学习和持续不断的评估拥有更多的自主感；

■ 当学生看到了优秀案例，并且能够遵循或者选择他们所制定的成功标准时，他们会取得更好的成绩；

■ 年龄较大的学生能更有效地教导年龄较小的学生；

■ 成绩好的学生能更有效地教导成绩差的学生；

■ 教师对学生理解标准有更大的把握。

教师们已经开发了几种共同设定成功标准的有效策略，所有这些策略都关注质量。以下案例展示了，除了简单地整合成功标准以外，还有哪些事情需要去做：将成功标准内嵌于情境，在一开始学习时就鉴别成功标准，观察优秀案例看起来是或者不是什么样的，与学习同伴和教师对可能的标准及其意义展开有思想深度的对话。

教师使用的共同设定标准的策略

（最高效的方法是同伴讨论 30 秒，每次归纳一个特征。然后，教师将学生得出的这些特征汇总起来，并写出来。）

1.展示体现同一技能的不同优秀案例，可以是书面作品或者制作的成品，并且提问："你从这些例子中发现了哪些特征？"

这个策略能很好地运用于作文选段、绘画范例、设计与技术作品等，分析先前的案例有助于强化理解和发展专业技能。

2.每一步都停下来展示技巧或技能（比如，可以将画折线图的每一个步骤都投影出来），并且提问："我刚做了什么？"

展示一项特定的艺术技巧或技能，比如用字典查单词，教师将整个思考过程大声说出来，帮助学生认识这些技能的步骤或要素。教师可以反复地问学生："我刚做了什么？"以这样的方式搜集成功标准。年龄稍大的学生可以在展示的过程中总结出他们自己的标准。比如，这个技巧可用于提高写作质量，教师将她推敲用词的思维过程表达出来，鼓励学生思考是否有更好的词语。

3.展示过去学生作品中好或不好的案例

体育、音乐和美术这些学科都是很好的例子，可以对某个技能的良好表现和差劲表现进行展示，既是娱乐学生，也是帮助学生识别关键特征。

67

同时观察一个好的例子和一个差的例子，有助于学生清楚地识别成功标准应该包含什么和排除什么，或者弄清楚良好与优秀之间的差别。

4. 故意做错

教师演示把眼前的任务搞砸了，然后让学生去更正她的做法，并在这个过程中对成功标准进行总结。这尤其适用于带有封闭性元素的数学任务，并且很受年龄较小的学生欢迎。

5. 展示错误的例子

一位教师向她的班级展示了一个给某人拍摄影片的非常糟糕的案例。学生向拍摄者提出建议，由此形成了成功标准。

另一位教师展示了一份图解的实验报告，这个实验研究的是哪一种液体会更快地腐蚀牙齿。但所有变量都不是固定值，学生可以看到哪些变量应该保持一致，哪些应该做出改变，从而形成一个好实验的标准。

展示往届学生作业中的一个错误的数学计算，这能够迫使学生展开分析每一个数学步骤，从而形成标准，以及发现常见的错误。

6. 共同解决问题

比如，分析一幅条形图，并讨论哪些要素能够帮助学生解释它，这是从图中提取要素的好方式。

7. 回溯性共同设定标准

让学生玩一个操场游戏，然后让学生向他们的同伴解释这个游戏的规则是什么。在班级里分析他们的讨论（他们运用了时间连词，把步骤排好了顺序等），并形成教学成功标准及其例子。在另一个例子中，教师让学生解决一个数学问题。经过一段时间后，让他们分享策略，这些被记录下来作为成功标准。

8. 令人惊喜但却不完整的邀请信

向学生提供一个不完整的惊喜（比如一封部分信息缺失的邀请信），学生本能地想要填补缺失的元素，然后这些元素构成了成功标准（比如，在哪里聚会？什么时间？这是谁发出的邀请？等等——所有这些都是邀请信的成功标准）。

9. 拼图法

分工合作，比如划分优秀的新闻报道、说服性论证和科学实验报告三个模块，让学生将它们重组起来，他们就参与到对内容知识的分析中。这不但可以生成成功标准的要素，而且可以提供好作品的例子。

　　10. 实践体验以后重新排序已有的成功标准

　　一位 5 岁学生的教师向学生展示了关于科学实验的三个成功标准的卡片，学生需要对其进行排序。他们在此之前已经做了一个简单的实验，做出了预测等，所以这个任务可以使学生把成功标准与自己的先前经验相匹配。

　　11. 聆听学生的同伴交谈

　　（当你认为学生可能已经对成功标准有所了解时，比如知道猜测一个不认识的单词的意思涉及哪些元素，那么这种方法就很好。）

　　让学生决定某个学习意图的成功标准，教师四处走动，将学生的想法记录下来，这也是搜集成功标准的好方式。

　　12. 错误的成功标准

　　这尤其适合数学：呈现一个错误的计算，同时给出成功标准。计算已经遵循了成功标准，那么哪里出错了？学生必须分析各个步骤，找到错误，更正成功标准。

4. SOLO 分类法的各个阶段

　　比格斯和科里斯（Biggs & Collis, 1982）发明了"SOLO 分类法"，即"可观察学习结果的结构"（Structure of the Observed Learning Outcome）。SOLO 是一种根据复杂性对学习结果进行分类的方法，它使我们能够从学习结果的质量而不是数量来评估学生的学习。SOLO 的基本结构是，我们从对主题一无所知，到有一个想法，再到有很多想法（表层学习），再到我们将这些想法联系起来和拓展开来（深层学习），到最后，我们能够迁移、应用和延伸我们的想法（见图 3.4）。这是一个关于学习如何逐步深入的模型，它对评价、分类和备课尤其有用。我们在这本书中加入 SOLO 的内容的一个主要原因是，它有助于使反馈适合或者略微高于学生目前的水平；它有助于决定下一个挑战水平，并且可以用于设计适合的问题或任务，使其符合或略微高于学生在学习的分类法中所处的位置。它的最重要作用之一，是它可以用于前馈（feedforward）和反馈。

69

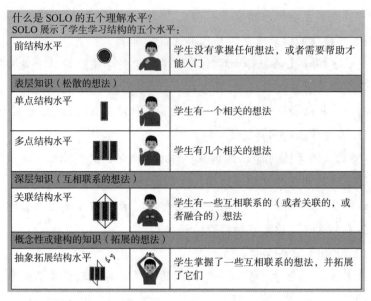

图 3.4 SOLO 分类法（www.pamhook.com）

与 SOLO 各个水平相联系的不同动词分别有特别的用处，因为它们能够更全面地指导备课和评价，并且能够让学生进入不同的学习阶段（见表 3.5）。

表 3.5 SOLO 分类法中的动词

SOLO 水平	使用的动词
单点结构	说出名称、辨别、回忆、寻找、标记、列出
多点结构	描述、列出、归类、继续、完成
关联结构	证明、分析、应用、比较、对比、联系、解释原因
抽象拓展结构	创造、生成、假设、设计、建构、预测、制作、发明、辩论

70　　尽管 SOLO 最初是作为学生对任务的反应的分类法，但它已经被用于其他用途，比如对任务本身结构的分类。与 SOLO 相关的科学动词（见表 3.6）由来自伯恩茅斯的圣凯瑟琳学校的艾玛·布鲁克斯（Emma Brookes）编写，这些动词与紧随其后的教学计划（见表 3.7）密切相关。使用这些动词让生物学技能的发展有了一个清晰的进展过程。

73　　SOLO 不仅是单轨系统。比如，长期的学习意图或主题可能持续几天或几个星期的时间，以不同的学习阶段（表层学习、深层学习和迁移学习）作为它的结构。但在这个结构中，课程的不同要素也可能从表层学习转换成深层学习，有时候甚至发生在一堂课的空间之内。类似地，个体学生在一堂课和整个单元的学习中可能处于不同的阶段。因此，这就出现了 SOLO 的一种嵌套结构，在一个长期的结构中也发生了短期的学习。

表 3.6　SOLO 分类法：英国 2013 年版国家课程关键阶段 1 和 2 中的科学动词

单点结构	多点结构	关联结构	抽象拓展结构
关联	交流观点	回答问题	归纳总结
实施实验	建构	提出问题	提供理由地预测
定义	控制变量	归类	预测新价值
辨别	展示	比较	提出进一步的问题
知道	描述	决策	提出改进建议
给图片加标签	探索	描述不同点或相	根据结果做预测
测量	查明	似点	根据结果规划下一
说出名称	调查	区分	步的实验
留意	测量	得出简单结论	
观察	策划调查	解释	
观察变化	呈现数据	解释可信度	
展示实验	识别变量	寻找规律	
词汇发音	记录数据	寻找关联	
词汇阅读	报告发现	给出理由	
辨认	研究	分组	
反复阅读	使用分类图	识别变化的不同点	
词汇拼写		和相似点	
实验		识别支持或反驳观	
使用设备		点的证据	
运用知识		诠释	
使用科学词汇		证明	
使用符号		发现规律	
		无理由地预测	
		使用证据回答问题	
		使用证据支持发现	

71 表3.7　SOLO分类法动词在科学教学计划中的应用：关键阶段1和2中生物学科的例子

	单点结构	多点结构	关联结构	抽象拓展结构
一年级	辨别/说出动物的名字 定义其中一种：食草动物、杂食动物、食肉动物、哺乳动物、鱼类、鸟类、两栖动物或者爬行动物	通过研究查明动物是否食草动物、杂食动物、食肉动物、哺乳动物、鱼类、鸟类、两栖动物或者爬行动物	将已知的动物分组/归入以下类别：食草动物、杂食动物、食肉动物、哺乳动物、鱼类、鸟类、两栖动物或者爬行动物	预测如何根据牙齿的锋利程度等，将未知动物分为食草动物、杂食动物、食肉动物 对哺乳动物、鱼类、鸟类、两栖动物或者爬行动物是否食草动物、杂食动物、食肉动物进行归纳，并总结出两种分类之间没有关联
二年级	定义其中一种：后代、生物、死物、非生物、食性、栖息地、食物链	探索生物、死物以及非生物的特征 查明和描述动物生存的基本需要	比较生物、死物以及非生物的差异 将事物归类为生物、死物以及非生物	对如何将事物归类为生物、死物以及非生物进行归纳 对较难的例子进行预测，并给出理由，比如，火、冬天的落叶树种、种子等
三年级	定义其中一种：营养、合理膳食、蛋白质、碳水化合物、脂肪、维生素、犬齿、门齿、白齿	研究适合不同动物的营养类型和数量	将不同食物归类为蛋白质、碳水化合物、脂肪等	研究、计划和评估运动员、宇航员和各种宠物的合理膳食
四年级	定义其中一种：动物、哺乳动物、鱼类、鸟类、两栖动物、爬行动物、脊椎动物、无脊椎动物、生产者、消费者、捕食者、猎物	使用/制作一个分类图或者食物链	将动物归入以下类别：脊椎动物、无脊椎动物、哺乳动物、鱼类、鸟类、两栖动物、爬行动物、蛞蝓和蜗牛、蠕虫、蜘蛛或昆虫	预测如果环境发生变化，其中一个物种数量减少或者灭绝了，食物链中的动物会受到什么影响，给出理由

续表

	单点结构	多点结构	关联结构	抽象拓展结构
五年级	定义和辨别其中一种：动物、哺乳动物、鱼类、鸟类、两栖动物、爬行动物、脊椎动物、无脊椎动物	描述哺乳动物、两栖动物、昆虫和鸟类的生命周期	描述哺乳动物、两栖动物、昆虫和鸟类的生命周期的相似点和不同点	对哺乳动物、两栖动物、昆虫和鸟类的生命周期进行归纳
六年级	定义其中一种：微生物、动物、脊椎生物、哺乳动物、鱼类、鸟类、两栖动物、爬行动物、无脊椎动物、多孔动物、环节动物、刺胞动物、棘皮动物、节肢动物、软体动物	基于某些特征，使用和制作对本地栖息的动物进行分类的生物检索表	对脊椎动物、无脊椎动物和微生物进行分类	预测如何对各种栖息地的陌生动物进行分类，给出理由，通过研究验证

在写作教学中，课堂的重点可能是一项新技能，比如使用明喻。它属于被习得与巩固的表层知识，但是把它应用于写作的过程，要求它进一步发展为深层知识和迁移知识。很多其他学科也是如此，课堂中教授的新技能在更广阔的情境中得到应用。因此，任何学生都有可能在短时间内经历所有的水平，尤其是当新技能被掌握时。

这有什么用处？我们认为，表层学习、深层学习和迁移学习这三个阶段有助于改变我们看待学生学习发展的方式，让我们不再只关注分数或者将学习看作知识和技能的核对清单。我们也将 SOLO 视为向学生提供符合他当前学习水平的选择性反馈的框架，更重要的是，提供"加一"的反馈——旨在帮助学生从目前的学习阶段提升到下一阶段。

巴吉尔特的莫林学校的领导者特蕾西·琼斯（Tracy Jones）开发了如图 3.5 所示的 SOLO 框架，帮助年龄较小的学生掌握他们社会发展的自主权。

这所学校的另一个例子是教师使用 SOLO 规划下一步和指导教学，如表 3.8 所示。

74

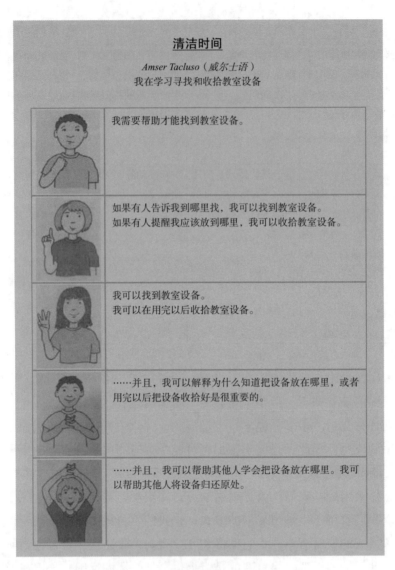

图 3.5　低年级儿童使用 SOLO

75　　　最后，分享一个根据学生反馈运用 SOLO 进行备课和"再备课"的案例。这个案例来自斯蒂夫尼奇市的罗巴克学校的梅根·托马斯（Megan Thomas）。

表3.8　教师使用 SOLO

	告诉他人我需要什么	学习时间	写我的名字
前结构	在别人的帮助下，我才能说出我需要什么。	我做不到。我需要帮助。	我认得自己的名字，但我在书写上需要帮助。
单点结构	如果有人问我，我能够说出我需要什么。	如果有人在我旁边帮助我，我就能够做到。	如果把我的名字写好给我，我能够模仿着写出来。
多点结构	我能够说出我需要什么。	我可以尝试一下，但我担心自己会犯错。	我可以写出我名字中的一些字母。但字母的顺序可能会出错。
关联结构	我能够说出我需要什么，并且做出解释。	我可以自己尝试一下，犯错也没关系——这是我学习的方式！	我可以写出我的名字，而且所有字母的顺序都是正确的。
抽象拓展结构	我可以说出我需要什么，并且做出解释。我也能聆听他人的需求并做出回应。	我可以帮助其他人学习我现在知道的东西。	在我学习阅读和写新单词时，我能够认出我名字中包含的字母。

案　　例

我的 6 年级数学班级学生（10 到 11 岁）从单点结构（什么是除法——乘法的逆向过程）开始，发展到多点结构（用四位数分别除以 2、3、4、5、6、7、8、9），再到关联结构（长除法——有何相同或不同之处），最后达到抽象拓展结构（能够选择适当的方法计算任何数的除法）。学生们对使用运算方法更加自信，有更深入的理解。他们现在能够有效地将这些知识应用于不同的情境中。

单点结构

我班上的学生对方法的掌握很不牢固。我们需要回过头来检查基础性理解。向学生提问"什么是除法？"有助于将他们的理解与乘法以及相关的数学事实联系起来，表明除法是乘法的逆向过程。我们还探索了除法与分数、比例的关系。学生意识到知道乘法表能够帮助他们计算两位数除以 1 到 12（比如 $8 \times 7 = 56$，56 除以 7 等于 8，56 除以 8 等于 7）。

多点结构

当开始计算 3 位数和 4 位数的除法时，我们意识到我们依然会用到乘法，但我们需要一种更加高效的方法。

480 除以 5

4 可以分成多少个 5？0，余 4

48 可以分成多少个 5？9，余 3

30 可以分成多少个 5？6

记数

（与 5 相关的乘法表）

关联结构

一旦学生掌握了这种方法（发现余数可以表示为小数和分数），我就向他们展示一个完整的长除法，然后问他们有何相同或不同。一开始，学生可能从这些表格的形状和记数中认出了除法。但当他们看到了减法以后，这让他们联想到除法就是重复的减法。

比如，4500 除以 25 是一个长除法运算，这意味着你要不断地用 4500 减去 25。

班级学生用 "Does McDonalds Sell Cheese Burgers"（麦当劳卖芝士汉堡吗？）来记住除（Divide）、乘（Multiply，记数）、减（Subtract）、检查（Check）、移下来（Bring it down）。

对小数和余数部分再用一次这个方法。

抽象拓展结构

学生现在掌握了这种方法，并且能够回答一些数字缺失的问题（比如，一个已完成的长除法运算中缺失了一些数字）。

76 **关于 SOLO 的警告！**

与任何相似的线性学习模型一样，我们很容易陷入给学生贴标签的陷阱——通过 SOLO 的阶段，建立一种新的能力分组，让处于同一阶段的学生共同学习。这并不明智，而且也不建议这样做。学生如何度过 SOLO 的各个阶段，取决于你如何架构课堂学习，给学生贴标签会导致他们被固定在某个水平，忽视了学习的起起伏伏。学习更像是一段断断续续的乐曲，而非一个线性过程。反过来，当我们运用表层学习、深层学习和迁移学习的框架去制订教学计划和观察学生学习，从而为给予学生反馈提供指导时，我们就会看到这个框架的最大益处。下面会更详细地介绍这些学习阶段。

学习阶段

反馈的效应如此多变的一个主要原因是，反馈信息需要与学生在学习周期中所处的位置相符合，否则反馈就很可能被误解、被误听或者是被忽略。简而言之：

- 当学生在学习"概念"或者处于表层知识阶段时，指向任务的正误的反馈是非常有价值的；
- 当学生在学习将"概念"联系或关联起来时，或者当学生在拓展"概念"时，指向过程性策略和自我管理（自主取得进步）而非任务本身的反馈是非常有价值的。

不论何时，大多数反馈应聚焦于学生目前的水平，但当目标是让学生进入下一个认知复杂度水平时，应给予"加一"的反馈。

以下这一段详细地描述了与学习阶段相对应的反馈的三个层面。

反馈的第一个层面：表层信息

反馈的第一个层面与任务相关，通常是关于获取更多的、不同的或关于对错的信息的具体指导。它通常需要重复教学，获取更多的或不同的信息，可以使反馈更明确地告诉学生他们做对了还是做错了，并且反馈关注的是完成或执行任务的质量。这种反馈的目标通常是促进知识的习得、储存、再制和应用。当学习内容是概念或表层知识时，这种层面的反馈是最有效的：只有掌握了概念和表层知识，我们才有能力将不同的概念关联起来，看到它们之间的联系。教学和学习应该聚焦于正确的信息，进而将这些信息与其他概念关联起来。

> **表层或任务层面的反馈的案例**
>
> "你的学习目标是以这样一种方式构思你的叙述：你所写的第一件事就是你所做的第一件事。然后你按照事情发生的顺序，写下你所做的其他事情。我们共同设定的成功标准包括所写的事情必须按照它们发生的顺序记录。还记得我们谈论过的例子吗？你首先写了最先发生的事情，但在那之后就变得混乱了。你需要重新读一下你写了什么，按事情发生的顺序写上序号，然后以那个顺序重写它们。"

学生通常会认为课堂学习的主要目标是"知道很多东西"——就像是 Siri 或者谷歌。确实，学生被要求完成的很多任务和测试都强化了这一概念。聚焦于学习意图的成功标准首先应该让学生专注于记忆和理解的过程，进而才有可能获取更深层的理解。我们认为，如果课程已经进入了下一个阶段，知道很多东西是很有帮助的，学生可以将这些单独的概念联系起来，拓展和探索它们，然后学会将它们迁移到其他情境中。表层学习是深层学习的必要基础，但绝不是一个终点。

反馈的第二个层面：知道完成任务所涉及的过程

反馈的第二个层面针对的是创造产品或者完成任务所涉及的过程（比如，成功标准、对优秀案例以及如何实现它们的分析）。这样的反馈可以引起替代性信息加工，从而降低认知负荷，也可以为检查错误和重估方法提供策略，为寻求更有效的信息和运用任务策略提供线索。过程层面的反馈似乎比任务层面的反馈更能促进深层学习，以改进策略和过程为目标的反馈与针对更表层任务信息的反馈能够产生一种有力的交互效应。后者有助于提高学生对任务的自信和自我效能感，反过来会为搜寻更有效的和创新的信息和策略提供资源。陈（Chan, 2006）引导学生陷入一个失败的境地，然后发现形成性反馈相比于总结性反馈、自我参照相比于与班级中其他学生比较，更可能提高学生的自我效能感。

过程层面的反馈的两个案例

你（在读给教师听时）在这个词语上卡住了，你看向了我，而不是尝试自己解决它。你能够弄清楚为什么你遇到问题了吗？能否尝试另一种策略？就像图片上的提示那样？

我让你比较这些概念——比如，你可以尝试看看它们有何相似之处，有何不同之处，以及它们之间有什么关系。

反馈的第三个层面：学生更多地掌控学习

反馈的第三个层面聚焦于自我管理水平，这涉及更强的自我评价能力、更深入地参与任务的自信，以及进一步寻求、接收和使用反馈信息。这种反馈可以增强学生产生内部反馈和自我评价的能力，提高学生更努力地寻求和处理反馈信息的意愿，并且导致对成功或失败的内部归因（我真的懂了）而不是外部归因（我做对了是因为她喜欢我）。在这一层面，学生更多地掌控学习，与"自我作为学习者"（self-as-learner）有更直接的联系——这个概念包括自我评价、自我求助、自我鉴定、自我管理等属性。

自我管理层面的反馈的两个例子

当你在这个词上卡住时，你又回到了句子的开头，这令我印象深刻。但在这种情况下，这样做并没有帮助。你还能做什么？当你判断好这个词是什么意思时，我想知道你的自信程度及其原因。

你用资源手册检查了自己的答案（自助），发现自己做错了。你知道自己为什么做错吗？（检查错误）。你使用了什么策略？你能够想出另一个策略并尝试一下吗？如果你做对了，你还有什么别的方法解决它吗？

这种最高层面的反馈最终能够使学生成为有评价能力的学习者（assessment capable learner）：他们知道自己的目标是什么，他们知道根据成功标准应该做什么和如何做，他们掌握了很多学习策略，知道如何根据任务选择正确的策略，他们努力完成有挑战性（不是太难，也不是太无趣）的任务，他们能够监控自己的学习进程，他们知道如何向他人（教师、同伴、资源）寻求反馈和理解这些反馈，他们知道如何出声思考从而与他人一同检验观点，将错误视为学习机会，能够意识到他们什么时候为下一步做好了准备，他们知道下一步做什么，并且为这种学习感到兴奋（Frey, Hattie & Fisher, 2018）。

本书所描述的实践策略和过程与这三个层面密切相关。学生共同设定成功标准，一起分析好的例子是什么样的，或者不好的例子是哪里出问题了，或者在哪里犯了错。这时候，他们就理解了学习任务涉及哪些步骤或者要素，发展出一种"高质量和成功标准的嗅觉"。当一个学生的作业或作品在课堂上被投影出来，让所有人分析其成功之处和"可能取得进步"的地方时，学生就在参与自我评价和自我管理的过程中得到了训练，同时从其他人的成功和可改进之处中学习。当"学力"和"学习特质"被植根于学习中、被讨论，并且与成功标准和目前的任务联系起来时，学生就能够掌握当他们陷入"停滞"时可用的策略，以及有勇气运用不同的学习特质（坚持不懈、同伴支持等）去提高他们的学习。

第 1 章所描述的文化以及本章所描述的四种学习策略，为我们传递和接收有效反馈提供了框架。先前知识、学习意图、成功标准和学习的三个阶段有助于为学生和教师提供参照点，为他们指引一个正确的方向，从而带来更合适的反馈和更优质的学习。我们需要使反馈符合或者略微高于学生目前的水平，这可以让学生有更大的可能性去理解、运用和重视反馈。

我们在这本书的开头就指出，我们发现反馈确实很有力，但它的有效性却千差万别。本章指出了一条超越这种差异性的途径，即我们必须知道，我们向学生提供的最佳反馈，与他们处于学习周期的哪个位置、他们已经知道和理解什么（先前知识）、反馈如何与学习目标（学习意图）联系起来以及缩小他们当前水平和目标水平的差距（成功标准）相关。

这个"反馈的故事"还有另一个关键要素——不仅要提供反馈，而且要教会学生如何理解和运用他们所接收的反馈。因此，下一章将会揭示与反馈相关的证据，以及在课堂上学生和教师在给予和接收有效反馈时可以运用的各类实践策略。显然，到目前为止的各个章节所描述的文化和实践都是为了使反馈尽可能有效打下基础。

要　点

- 与先前知识相关的讨论问题为教师提供了课堂教学计划是否可行的反馈，从而让教师有机会做出调整。
- 学生必须知道学习意图，但不一定是在一堂课开始时。学习意图应该是真实、清晰和去情境化的，从而使技能可以迁移到其他情境和学科中。
- 成功标准需要由师生共同设定，才能够发挥最大的影响力。成功标准要么是与封闭性学习意图相应的强制性要素（规则），要么是与开放性学习意图相关的选择性要素（工具）。
- SOLO 分类法（表层学习、深层学习和迁移学习）可用于理解学生的思维发展过程，有助于让学生进入分类法的下一个阶段，并且有助于编制教学计划、评价和提供适当的反馈。

第4章 课堂中口头反馈的力量

到目前为止，我们已经详述了反馈在什么样的文化中是最有效的，而且描述了赋予我们所传递或接收的反馈以目的和意义的学习框架。

本章剖析发生在课堂中的很多互相交织在一起的反馈交流，其中大多数是言语反馈。我们首先回顾一下关于反馈与课堂经验的联系的最重要的研究发现，然后再分别聚焦于学生向教师传递的反馈、教师向学生传递的反馈，以及学生之间的反馈。

为什么是在课堂之中，以及为什么口头反馈最有效

我们首先要谈论的是，如果有可能在学习过程中提供反馈，那么学习过程中的反馈比学习结束后的反馈更加重要。有很多可能的类比都能使这一点显而易见，尤其是在体育活动中。想象一下，一名教练把他给足球队的提示写在纸上，而不是在中场休息时与运动员谈话和聆听他们的意见。

一位 11 岁学生的教师给我们发了这样一封邮件：

> 在与班级学生的一次修学旅行中，我真的在一瞬间对即时反馈感到豁然开朗。学生们在绕绳下降，而我在观察和聆听领队是如何教他们绕绳下降的。反馈是即时的，学生则对其做出回应。"挺直你的腰杆，将你的两脚分开，让绳索穿过去。"我突然意识到，如果等学生回到车上或者回到活动中心以后才提供反馈，那会是毫无意义的——反馈的机会就被错过了。
>
> ［蕾切尔·克拉格·温什科姆（Rachael Clargo Winchcombe），艾比学校］

现在想象一下：一名学生创作了一篇人物描写，交给教师，然后在几天以后才拿回来，上面有一些改进的建议。与之相反，在课堂写作期间，另一名学生的习作被投影出来，教师让整个班级分析这篇习作的成功之处，并提出改进

建议。分析完学生自己的尝试之后，整个班级重新开始写作，不断地对成功之处以及改进建议进行自我评估。接下来是同伴合作讨论，每次聚焦于其中一个人的习作，再次分析成功之处并给出理由，然后提出修改建议。

本章会更详细地讨论这一场景，但这里要阐明的是，当口头反馈发生在"黄金时刻"，它有多大的潜力和力量——在这个时候，情境依然鲜活，学生仿佛置身于洪流中，学习获得了动能。

1. 与反馈相关的研究

如何提供反馈，何时提供反馈，以何种频率提供反馈，提供多少反馈——在我们估量这些问题时，回顾一下围绕反馈这个主题的一些关键研究的结果是很有用的。学生的自我效能感以及他们对教师和同伴的信任是一个重要的出发点，但关于我们如何记忆或者遗忘的知识，也能够在我们判断什么是适当反馈的复杂过程中提供帮助。我们也会探讨一下积极反馈和消极反馈的影响、给予反馈和接受反馈的差异，以及如果我们想要影响学生的学习，可能会遇到的问题的症结所在。

学生的自我效能感

"自我效能感"这个术语描述的是我们对自己实现目标的自信程度。不要将"自我效能感"与"自尊"相混淆，后者描述的是我们对自己作为个体的感觉如何，很少对我们的学业成就造成影响。我可能认为自己是一个好人（高自尊），但不擅长学业（低自我效能感），或者我认为自己是一个成绩很好的学生（高自我效能感），但也相信没有人喜欢我（低自尊）。在我们开始理解学生的理解，以及决定如何回应我们自认为亲眼所见的事情之前，我们需要敏锐地觉察到学生的自我效能感如何影响学生对我们问题的回答，以及他们的动机和努力程度。

高自我效能感

在首次遭遇失败而非取得成功以后，高自我效能感的学生更可能对他们的表现做出乐观的预测。这种失败可能来自批评，包括指出错误或者评价为质量欠佳，或者来自对学生自我估量的其作品或作业优秀程度的某种形式的不认可。这些学生对自己的能力感到高度自信，所以负反馈只会激励他们。他们甚至会寻求这样的反馈，因为他们知道这可以提高他们的技能水平（Bandura, 1997）。

低自我效能感

83

无论是正反馈还是负反馈，低自我效能感的学生都可能会做出消极的反应，但对于关于能力（"你逐渐掌握了这些问题"）和努力程度（"你真的很努力"）的反馈，他们可能会做出积极的反应。关怀是必要的，但教师需要注意，因为对初次成功的积极反馈（"这是一个好的开始——你正确地理解了十进制！"）被理解为他们有缺陷需要弥补。他们可能会进一步强化这些被质疑的技能，但长期来看，如果他们被告知犯错了，或者后续的测试否定了他们的努力，这些学生可能会避免在学习上投入努力。否定性反馈很可能对低自我效能感者的后续学习动机造成极大的负面影响——他们可能会经历一些负面情绪，对后续的任务缺乏动力，并将结果更多地归因于他们感觉自己拥有的能力，而不是努力（Hattie & Timperley, 2007）。

卡罗尔·德韦克关于学生如何回应反馈的著作（Dweck, 2000）指出，低自我效能感的学生通常更多地将成功或失败归因于如表 4.1 所示的几类因素（斜体字是理想的情况）。

表 4.1 低自我效能感学生的归因

	成功	失败
内部因素	我在这次测试中表现很好。	我在这次测试中表现不好。
外部因素	我表现很好，因为老师喜欢我。	我表现不好，因为老师不喜欢我。
稳定的	我很擅长这个学科。	我并不擅长这个学科。
不稳定的	我的运气很好。	我的运气很差。
局部的	我很擅长这个学科，但其他学科就不知道了。	我并不擅长这个学科，但其他学科就不知道了。
整体的	我很擅长这件事，所以我擅长所有事情。	我不擅长这件事，所以我不擅长任何事情。

克卢格和德尼西（Kluger & DeNisi, 1996）发现，学生接收到反馈后，有四种可能的做法：改变行为、改变目标、放弃目标，或者拒绝反馈。显然，我们希望学生改变他们的行为（除非他们已经实现了目标，在那种情况下，我们希望他们追求更高的目标），尤其是更加努力和更有雄心，而不是忽略反馈或者认为任务太简单了（至少他们可以寻求更高水平的挑战）或者太难了（很可能就放弃了）。

学生做出什么选择，这在很大程度上取决于师生之间的信任度。学生需要知道教师在乎的是什么和喜欢他们做什么，需要知道他们是安全的，需要知道同伴不会贬低他们，需要知道如果他们提问，他们并不丢脸，而且会得到尊重的对待。在此之后，他们才能使自己的学习可见：提问、求助或者分享错误概念。如果没有这些作为基础，当学生接收到反馈时，他们就已经处于不利境地。缺乏信任度意味着他们与反馈的互动会是非常有限的，他们可能会选择不"聆听"或者不去理解反馈，他们对反馈做出回应的动机主要是服从教师的要求。

记忆和遗忘

我们的很大一部分工作是帮助学生记住教给他们的大量内容，包括他们可能接收到的任何反馈，因此知道关于记忆的研究结论是很有用的。记忆包括获取记忆（编码），将它们存放在某个地方（储存），以及在我们需要它们的时候找到它们（提取）。我们的工作记忆只是：（1）在当前这一刻关注的事物；（2）不断地提取相关记忆，它们帮助我们理解在学习的是什么。我们人类的工作记忆能力是非常有限的。

认知负荷理论

当我们的工作记忆处于过载状态时，学习将会被削弱到最低。因此如何最大限度地减少认知负荷，对教学有明确的启示。

"认知负荷理论"是由约翰·斯韦勒（John Sweller）在1988年提出的（见图4.1）。一个被广泛接受的"认知负荷理论"模型认为，人类信息加工过程包括三个部分：感觉记忆、工作记忆和长时记忆。来自感觉记忆的信息（我们看到、听到和感觉到的所有事情）通过我们的工作记忆，大部分信息丢失了，我们只专注于此刻重要的事情（比如在这一刻，我听到鸟鸣，一个园丁在花园修剪，一扇门关上了，我丈夫在打字，远处有一辆汽车开来。但正当我写下这些句子时，其他所有信息都丢失了，而我的注意力集中在如何最好地解释认知负荷理论上！）。

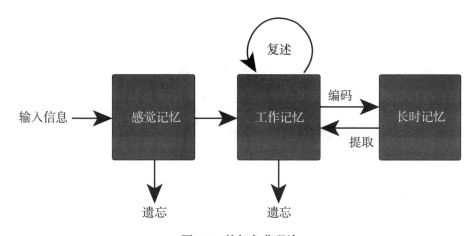

图 4.1 认知负荷理论

资料来源：改编自 Atkinson, R.C. & Shiffrin, R.M. (1968), 'Human Memory: a proposed system and its control processes' in Spence, K.W. & Spence, J.T. (Eds.), *The Psychology of Learning and Motivation* (vol.2), New York: Academic Press，pp. 89–95.

  我们每次能够保持 5—9 个信息项（或者组块）的工作记忆。例如，我们在工作记忆中很难记住 11 位随机数字。试一下 84739013421！如果我们能够将其中一些数字组合成一项，记住的可能性就大为提高（比如我所在城镇的邮编是 01342，这已经储存在我的长时记忆中，因而对我而言，在这一串数字中，01342 可以被视为一项，所以这时候我只需记住其他 6 个数字）。

  当我们处理信息时，我们需要知道如何对其进行分类，然后将其储存在长时记忆中（比如，狗、猫、动物、在商店买东西、接球）。

对教学的启示

■ 因为工作记忆的容量有限，我们应该避免让处于认知过载的学生参与对学习没有直接益处的额外活动。比如，与图 4.1 相比，图 4.2 的呈现方式是将标签列在旁边，这对我们的工作记忆提出更高的要求，因为当我们在这些信息之间来回看时，注意力就"被撕裂"了。

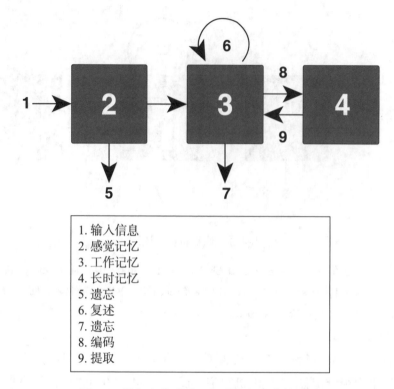

1. 输入信息
2. 感觉记忆
3. 工作记忆
4. 长时记忆
5. 遗忘
6. 复述
7. 遗忘
8. 编码
9. 提取

图 4.2　认知负荷理论：加重认知负荷的图示

资料来源：摘自 www.mindtools.com，"认知负荷理论——有助于人们有效地学习"。

■ 在向学生呈现信息时，我们需要尽可能地加入视觉和书面线索，使工作记忆能够更容易地处理它。我们应该将视觉和听觉通道结合起来，以拓展工作记忆（比如，带旁白的视频片段比带字幕的视频片段更好：Mayer & Moreno, 1998）。比如，一边观看演示文稿，一边留意发言者的讲解，这对于大部分人来说都是可行的并且有用的，但对于某些人可能是很难的（Horvath, 2014）。

■ 将学习分割成互相联系的部分。联系越密切，形成组块，我们的工作记忆陷入过载的可能性就越小。形成互相联系的项目是深层学习的开始。

■ 在班级中分析优秀的案例，可以缓解认知负荷，因为学生不仅能看到如何在解决问题时应用所学，而且可以看到好的学习是什么样的。相反的做法可能是仅呈现一丁点信息，然后让学生完成任务：没有联系，也没有组块的途径，因此认知负荷很重。作为 20 世纪 60—70 年代的一名在校生，学校"教授"历史的方式是将其视作一连串日期和线性发生的事件（比如，1066 年的黑斯廷战役），我们必须将这些信息复制到我们的书本上。为了应对学年末的测试，我们必须学习关于这些信息的一整本练习册。我尝试记住它们，但只成功地记住了 3 页或 4 页。回首过去，我发现，如果这些日期（比如，1000 年与 1066 年之间的历史）能够与相关历史事件的故事组块，我会更加容易地学习和记忆每一个组块。如果我们能够向学生展示这些看似孤立的项目如何联系起来，并且形成易于记忆的组块（比如，记忆课程大纲中的"毕达哥拉斯定理"），就可以减轻他们的认知负荷。我们既需要表层知识，也需要用它们之间的关系去影响学习。

有益难度和记忆

罗伯特·布约克（Robert Bjork, 1994a）与克罗尔（Bjork & Kroll, 2015）详述了"有益难度"（desirable difficulty）的理论——通过增大信息编码的难度，我们可以增强以后提取这些信息的能力。所以，通过让学生"努力地思考"学科内容（寻求挑战是成长型思维的要素），他们更有可能记住它们。我们也不应该给予过多的帮助或反馈，因为这会消除任务中的认知要求。比如，在数学课堂中很常见的是，对于学习困难的学生，教师将解决问题的步骤拆分得太细，以致任务缺乏数学的"大概念"（Brousseau, 1997）。可能更好的方法是询问学生到目前为止做了哪些尝试，让他们有一条往前推进的路径，但不要明确地告诉他们每一步要做什么。当一首钢琴曲、一个体操动作、一条语法规则或者某个数学算法被拆分为更小和更简单的步骤时，我们仍然需要保留挑战性的因素，让每一小步都清晰地扎根于整个任务的"大局"之上。

遗忘有助于记忆

布约克关于记忆的研究（Bjork, 2011）表明，遗忘也是学习的一个重要阶段，因为当我们再次学习的时候，更有可能将信息储存在长时记忆中。"遗忘不会让学习消失，而是会为学习进入更高水平创造机会。"比如，某种语言的词汇储存在我们的脑海中，如果我们很多年没有使用它们，可能会遗忘或者无法提取，但只要我们温习一下这些词汇，会发现记住它们比第一次要快很多。我们同样也有更强的能力记住更多的词汇。可能我们也要用我们思考错误和错误概念的方式去思考学生所遗忘的东西：它们可能是一种证据，表明当概念和技能被再度教授时，学习者就可以步入更扎实和更深层的学习。我们给予的反馈不应是"重头来过"，而应是用学生的更强力的黏合剂重建那些被遗忘的概念——这时候，再学习会更加简单。

与间隔练习或分散练习的联系

分散在某段时间里且每次时间较短的练习比集中的大量练习会产生更好的学习效果，遗忘性学习可能是这一研究发现背后的原因之一。在一段时间里有许多学习机会，不时地接收到关于我们理解的反馈，这更有可能在概念之间建立联系，使它们与我们已经知道的东西建立更强的关联，从而更有可能将所学内容存储在我们的长时记忆中。

分散练习与穿插练习

布约克的研究（Bjork, 1994b）发现，穿插的间隔练习有助于长时记忆，这会让学习者频繁地沉浸于不同的技能和知识中，而且有时候是处于不同的环境中，学习者就会形成一种习惯，从而在任何情境中都能更容易地获取相关信息。不时对目前所学的所有东西进行小测或随堂测验，并且题目是混合的（比如，数学测验应该涵盖这一学年所教的所有技能，而不只是某一模块的学习），这似乎对保持提取机制运作是必不可少的。

情境与记忆

学生能否记住东西，取决于很多因素，其中一个因素就是其身处的情境。多年以来，创设有意义的情境都是教师所追求的理想，因为我们越多地将概念和知识与现实情境联系起来，学习者就越有可能理解和记住它们。一位 9 岁儿童的教师每年都教授读地图的技能，她研究地图，然后让学生使用她自制的地图在操场周围寻找到某一个地方的路，学生会在那个地方找到"宝藏"。作为对形成性评价策略进行实验的教师学习团队的一员。她向学生展示了读地图这一单元的学习意图，并第一次让学生参与设计活动。学生建议教师提供让他们在城镇周围寻找路的地图，教师认为这是她从来没有考虑过的，但还是想方设法地实现了。学生们自愿地分组。所有学生都从当地的一个公园出发，然后根据他们的地图走上不同的方向，到达当地的电影院，在那里一起看电影。学生对城镇的复杂程度并不了解，并且只能使用他们的地图来寻找路，因此意义和目的被结合起来。据教师所言，由于这是学生的主意，他们是自己学习的"老师"，学生的动机有了很大提升。

在与教师团队讨论的反馈会议上，这位教师说，学生在几个月以后仍然记得这一件事和相关的读地图技能。情境很重要，尽管我们需要确保学生储存在长时记忆中的是所学的东西，并使其成为永恒的记忆！

不是每一节课都有这样的现实生活情境，但在精心策划之下，营造一种有意义的现实生活情境是可能的。在一节课上（详见第 2 章），砝码被包裹起来，让 7—8 岁的学生估量，然后向他们揭示其真实重量。教师展示一张北极熊的照片，告诉学生它的重量是 1 吨，而很多学生之前对 1 千克砝码的猜测也是 1 吨。在这时候，他们就进行了一次现实检验！教师接着展示了一张大象（重约 7—10 吨）的图片，然后展示一包糖（重 1 千克），再是一张信用卡（5 克）。于是，这些本来可能毫无意义的数字就与情境、目的和意义结合起来了。

何时减少反馈

我们也知道，在学生有充足时间运用"应对困难的策略"之前，过于频繁地和过快地给予太多反馈，可能会让学生对反馈上瘾，过于依赖教师的建议，因此当他们在没有他人帮助的情况下独自做事时，就不太可能做得很好。审慎地克制、延迟和减少反馈，能够增强长时记忆和带来更持续的学习（Soderstrom & Bjork, 2015）。当学生已经掌握概念和信息（表层学习阶段），开始转向关联和拓展概念（深层学习阶段）时，这种"克制"会更加有效。这是鼓励学生运用"当你陷入停滞时应该如何做的策略"的最佳时机，让他们走进未知的低谷（Nottingham, 2017），在错误的泥潭中打滚。在这个学习低谷过后的某个合适时机，教师可能有必要让学生冲一个新学习的"淋浴"，检查学生的理解，并且提供"下一个目标是什么"或者"如何改进"的反馈。

何时延迟反馈

延迟反馈可能有很大的益处，因为当学生提取能力较低时，延迟反馈可以发挥重复学习的作用。比如，当高学业成就者做出了准确的回应时，延迟反馈可能会增强反馈的力量（他们不会认为任务已经完成了，因此可能会有动力去检查他们答案的正确性）。对于低学业成就者，提供即时反馈会让他们有更大的收获，因为如果反馈被延迟，认知负荷可能就太高了（Li, Zhu & Ellis, 2016）。在稍后的某个时候，尝试回忆起原来涉及的情境、问题和过程，会造成不必要的困难，所以即时反馈是更合适的。

如果在学习之后或学习期间过快地提供反馈，学生可能会不理解反馈或者不会做出回应，这会强化错误，因为学生将他们所做的事情与他们接收的反馈关联了起来，即便他们并没有聆听这些反馈！如果学生认为错误是学习过程的一个重要部分，他们更有可能聆听和重视反馈。

89

给予不意味着接收

教师可能会声称他们给予了大量反馈，但更合适的衡量方法可能是看学生实际接收到了哪一种类型的反馈（不是很多）。大多数来自教师的反馈是向小组或整个班级呈现的，这通常会使学生相信反馈与他们无关——那些有意义的反馈就因此消散了。卡勒斯（Carless, 2006）也表明，相比于接收反馈的学生，教师更加相信他们的反馈很有价值。不幸的是，学生往往会觉得这些反馈令人困惑或不可理喻。有时候，他们认为自己已经理解了教师的反馈，但实际上并没有，即使他理解了这些反馈，也可能不知道如何运用它（Goldstein, 2006）。希金斯等（Higgins, Hartley & Skelton, 2002）认为：

很多学生只是无法理解反馈评语和无法正确地诠释它们。

这在很大程度上取决于学生对反馈的意义和本质的理解；取决于反馈的提供者是否被认为是有力的、公平的和值得信赖的；取决于与情境相关的情绪（拒绝还是接受）、投入的程度和反馈的传递方式（是友好的、有帮助的、具体的，还是催促的、不耐烦的和过于宽泛的）。研究发现所传递的信息一直是，教师要检查和理解学生如何诠释他们提供的反馈："你如何理解我刚才所说的话？你如何在下一步的学习中使用这些反馈？你现在还需要从我这里获取更多反馈以促进你的学习吗？"

2. 学生给教师的反馈

什么最重要

教师从学生身上获取的反馈是我们放在首位的，也是最重要的关注点。当学生能够向教师传达他们的需求，并且当教师需要考虑的眼前之事包括来自学生的反馈（肢体语言、行为、动机、肤浅的理解、错误概念、逃避的战术和所用的策略等）时，教学和学习的动力机制就融合起来了。有时候我们很难承认错误概念和不良行为是任务与学生的能力不匹配造成的——这些任务要么太无趣，要么没有足够的挑战性或模糊不清——而不是学生不够努力或者成绩不好的过错。但如果我们想最大限度地提高学生的学业成就，这些都是我们必须承认的可能性。

看一下来自加利福尼亚州罗斯小学的一名 6 岁学生，当她的父亲迈克尔·麦克道尔（Michael McDowell）问起关于学习和反馈的事情，她是如何回应的。其中很有意思的是，班级教师是否了解她的想法。

问：一位好的学习者是什么样的？

答：那些接受反馈并按照老师所说的去做的人。如果你不熟悉一本书，你应该慢慢读。有时候在我举手之前，我会先检查我的功课，然后给我自己反馈，并改正错误。有时候我不喜欢其他人的反馈。

问：当你收到反馈时，你感觉如何？

答：有时候我会觉得不舒服，有时候还可以接受。有时候我认为自己并不想要反馈。

问：当你犯错时，你的大脑会怎么样？

答：它会成长。

问：什么时候是采取成长型思维的最佳时机？

答：当我犯错时，我通常会采用成长型思维。我不会说："噢，不！"我会说："耶！我的大脑正在成长！"

从教师的角度来看，有效反馈包含三个环节，如表 4.2 所示。这构成了一个持续的循环：调查学情，随后向学生提供反馈，这在课程期间最为有效，但课后信息的发现同样重要（见下一章）。与这三个环节相对应的是：（1）我的目标是什么？（2）我的进展如何？（3）下一个目标是什么？如何取得进步？

表 4.2　有效反馈的三个环节

教师	学生
（1）检查学生是否理解学习任务的本质，是否能够评估他们的学习够不够好	我的目标是什么？
（2）不断地尝试了解学生的理解，而不是假定他们的想法	我的进展如何？
（3）根据以上发现，运用合适的反馈	下一个目标是什么？如何取得进步？

91

这三个环节似乎将调查学情和给予反馈的过程描述得很简单，但因为学习既不是线性的，也不是可感知的（我们只能观察学生的表现，尽管鼓励学生出声思考可以帮助他们和教师知道处于学习周期的哪一个位置），以不同的速率取得进展并且不可避免地出现遗忘，这个过程绝不简单。学生都是独特的个体，拥有不同水平的自我效能感，所以我们永远都在学生个人需求与任务需求之间寻求平衡。考虑到每一个班学生的平均数量，这是一个了不起的成就。学生的目前表现，是学习（比如，长时记忆，及知识与技能的迁移）是否发生的高度可信的指标。当我们尝试了解学生当前的理解时，我们首先要承认的是，我们实际上不可能钻到学生的大脑里，看看他们理解什么。我们只能通过自己的所见所闻来接近这一现实，这些都是我们提问（"你首先可以做什么？"而不是"所以首先你必须做……"）和对任务的期望的结果。与"计算长 8 厘米、宽 3 厘米的长方形面积"相比，像"你可以画出多少种面积为 24 平方厘米的图形？"之类的问题可以更多地揭示出学生的思维和理解。

我们尽力做到最好，频繁地评价和采取间隔学习，逐渐培养学生的技能和能力，而不是教授"庞大的"模块，后者远比经常复习的技能更容易被遗忘。

下一节描述教师运用有效策略去查明在课堂学习期间，学生在思考什么以及他们知道或不知道什么，其中贯彻了我们的建议：课堂应该始于对先前知识的某种形式的讨论和探讨，然后在此基础上继续展开（见上一章）。这里的策略中，有些只是收集信息的技巧（比如，聆听学生交谈），另外一些策略包括如何即时接收和给予反馈，以及根据反馈采取行动（作为课堂学习的暂停）。

揭示学生理解的策略
教师提问

在学生参与学习任务时，教师在教室里不停地"走动"，向整个班级和学生个人提出好问题，这是教师帮助学生巩固已有知识或者加深学生理解的主要手段。当学生参与一些独立任务时，可以向学生个体提出以下这些问题：

- 告诉我 / 向我展示你到目前为止学到了什么。
- 告诉我你首先要做什么。
- 你说的……是什么意思？（关键问题，即使教师认为他们知道学生的意思。）
- 为什么你认为……？
- 举一个例子来说明你的意思。（关键问题，通常能够揭示错误概念。）

- 你可以说得再详细一点吗？告诉我更多……
- 所以为什么这个比那个更好？（如果提供具体案例的话，这是一个关键问题。）
- 你如何修改一下这个，使它变得更好？

　　你询问得越详细，就能揭示出越多，所以追问"你说的……是什么意思？"是深入地了解学生的理解的一个简单方式。这样的问题应该引出学生比问题本身更长的回应。学生给出的很多答案都是正确的，但不会揭示学生的理解水平。比如，"连词"或者"数词"可能是正确答案，学生常常因为知道这是正确的词语，所以才这样回答。在学生给出答案后继续追问："你说的'连接词'/'余弦'是什么意思？"或者"给我举一个例子"，可以揭示学生目前的理解状况。如果这能够成为课堂的一个持续的特征，那么在一段时间内，所有学生都会有很多被教师面对面提问的机会。随着学生的理解被持续揭示出来，课堂就会变得更加有效。当学生面前有一个好的例子和一个不怎么好的例子时，教师可以问："所以为什么这个比那个更好？"通过谈论具体的例子，这个问题有助于集中他们的注意力。比如，教师给出了两个平衡论证，一位学生难以解释如何改进其中一个论证，教师可以引导该学生对两者的语言表达、运用百分数支持主张等具体方面进行比较，这样哪里需要改进就更加明显了。

　　上述问题会很有用，教师能够通过这些提问向学生寻求关于他们理解的反馈。它们比"我在想什么？""谁知道这个事实性问题的答案？"以及其他在课堂上司空见惯的典型问题更为有效。我们知道很多教师每天会询问 150 多个知识性问题，其中 90% 是事实性的，回答它们所需的时间不超过 3 秒。除了确认那些被叫起来回答问题的学生知不知道答案以外，它们向教师传递的反馈十分有限。相反，我们真正需要的问题是如前文所述的问题，它们有助于我们评估自己的影响，指导学生下一步的学习。

　　教师也可以向整个班级提出这样的问题，让学生与随机搭配的"交谈同伴"讨论 30 秒，并且运用某种形式的随机发生器来决定谁回答，那种灾难性的"举手文化"就可以被根除。因此，"等待时间"可以更长一些，让学生有时间表达他们的思维。

学生提问

要成为一名独立的学习者，必须学会提问，为了追寻新的学习和理解不断地追问。让学生准备一些他们之间互相提问或向教师提问的问题，不仅是收集关于他们目前理解情况的信息，而且是在鼓励独立深度思考。马蒂·尼斯特兰德（Marty Nystrand, 2006）发现最有力的学生问题是"影响力问题"。他所讲的"影响力问题"是指：

（1）问题的可接受的答案不是预先确定的（比如，"如果……你认为会发生什么？"）。

（2）不断充实的问题，教师在后续的追问中考虑到学生先前的回应（比如，"所以，考虑到米娅的观点，这会有什么改变吗？"）。

（3）教师在多大程度上允许学生的回应改变交谈的主题（比如，"我们同意费恩的说法，我们也应该思考……"）。

在上述每一种情况下，教师都为学生提供了机会去表达他们知道或不知道的事情，聆听学生目前的知识和理解水平。

"学生哲学"的专家威尔·奥德（Will Ord）认为，在从表层学习到深层学习的旅程中，教师和学生可以使用如表 4.3 所示的各类问题。

表 4.3 从表层学习到深层学习的几类问题

澄清（表层）	推理和证据（表层巩固）	启示与结果（深层）	探索不同观点（深层巩固）
你能够解释……吗？	为什么你认为……？	……的结果会是什么？	你可以换一种说法吗？
你说……的意思是什么？	我们如何知道……？	你如何检验那是不是真的？	还有另一种观点吗？
你可以给我举一个例子吗？	你……的原因是什么？	你说的……之后会发生什么？（我们能够从你的说法中推断出什么？）	如果有人认为……怎么办？
那会如何有助于……？	你有……的证据吗？	这种观点与之前所说的一致吗？	这种观点与……有何不同？
有人对这种观点有疑问吗？	你可以为自己的观点辩护吗？	—	那些不同意你的人会说什么？

聆听学生的交谈

同伴交谈可以使学生的思维更加清晰，因为他们获得了很多表达思维的机会。教师提出好问题后的同伴讨论为教师聆听那些经常很有启发性的对话提供了黄金时机。在这之后，教师可以随机让学生将他们的想法分享给全班同学。记录下来的错误概念使课堂发生即时的变化。如果没有机会聆听学生在思考什么，我们可能就会带着错误概念，继续这建立在错误概念之上的课程。

避免预设

由于观察学生在课堂上每一分钟的表现是教师不可能完成的任务，所以教师在课堂期间"走访"学生时经常会做出一些不准确的预设，尤其是对年龄较小或者陷入困难的学生，因为他们很少能够发言纠正教师的错误假设。两难的是，学生从小就被教导要集中注意力和不要打断教师——这有利于保持秩序，却不利于学生诚实地给予反馈。为了可以更多地提出"影响力问题"以及使学生可以指出他们可能不知道或不了解什么，建立信任是最为必要的——不仅是师生之间的信任，还有学生之间的信任。错误在一种信任的环境中能够带来成长，但在不信任的环境中却令人厌烦。克拉克的学习视频平台所捕捉到的视频证据，揭示了教师的两种预设。

案　例　1

在一个 7 岁儿童的班级上，教师让学生在数值表上用代表 10 和代表 1 的木棒摆出 37。我们看到学生 A 很快地将 3 根十位数的木棒放在了正确的位置，然后继续数个位数的木棒，但他停了下来，因为他没有足够的个位数木棒。所有学生的桌子上都没有足够的木棒。他的同桌学生 B 也没有足够的木棒，他问学生 A 能否借一根给他。学生 A 现在开始变得不耐烦了，他拿起了他所有的十位数木棒，然后很高兴地把一根个位数木棒给了他的同桌。在这一刻，教师来到他跟前，看到了学生 A 的数值表上空空如也，于是开始仔细地向他解释如何摆出 37……

案 例 2

一个 6 岁儿童的班级正在学习"数学入门"。一个学生选择了写出乘法表中乘 9 的算式。在她写的时候，她每次都用自己的手指数到 9。她写下 $1 \times 9 = 9, 2 \times 9 = 18, 3 \times 9 = 26, 4 \times 9 = 35$ 等，从 3×9 开始都出错了。教师告诉她要如何检查 3×9。她们同意由这位学生拿纸盘和算筹去分享她的计算。之后的几分钟，镜头跟拍了这个学生。我们看到她在其中的一个纸盘上堆起了一些算筹，然后摆出另外三个纸盘去分享她的计算。教师来到她跟前时，看到了四个纸盘上都有算筹，她以为学生在计算 4×9，而不是说好的 3×9。教师清空了所有纸盘，然后让学生重新开始。

在这两个例子中，我们都没有看到学生向教师解释发生了什么。但我们看到教师只根据他们眼前的事情来做推断。为什么第一个学生没有说"我们没有足够的木棒。我知道如何摆出 37"？为什么第二个学生没有说"我用这个纸盘盛放算筹"？镜头每次只跟拍一个学生，就能捕捉到这么多问题，那么镜头之外类似的情形发生了多少次？由于教师不可能即时出现在每一个地方，有两种可能的解决方法：首先，教师需要向学生展示，而且可能要示范，当他们误读了实际情形时，学生可以纠正他们。其次，教师在这一幕发生时先问一下学生："你能告诉我到目前为止你都做了什么吗？"这里的主要意思是"不要预设"：从学生那里寻求反馈，了解他们认为发生了什么。既然我们的一个主要目标是从学生身上寻求反馈，进而更了解学生当前的理解，那么我们可能需要鼓励学生更勇敢地回应，这样他们就能够被更准确地理解。

3. 教师给学生的反馈以及学生之间的反馈

如前面章节所讨论的，罗伊斯·萨德勒（Royce Sadler, 1989）在他的"缩小差距"的理论中提出，反馈的第一个阶段是获得关于目标或者学习意图的概念，也需要关注成功标准和分析示例。下一个阶段是：

比较实际的表现水平与目标；

采取适当的行动缩小差距。

给出这种反馈的时机不仅是在活动结束以后，而且包括在活动期间。我们认为这意味着学生在课堂环境中，向他们的同伴和教师表达到目前为止对任务和成功标准的理解。这些都可以更进一步正式化，使其作为课堂期间"学习暂停"的环节。教师通常可以随机将一个学生还在做的作业投影出来，让班级分析和讨论，提供关于成功以及可能改进之处的反馈。然后，学生基于班级的示范和分析互相给予反馈。

建立学习意图和成功标准为教师查明学生目前的理解和错误概念提供了框架，尽管如前面章节所提到的，这并不意味着学生所展示出来的与学习意图或者成功标准无关的优点应该被忽略。如果学生意识到成功标准并且共同设定成功标准，看到自己的进度并知道下一步应该做什么，反馈就可以带来最大的成长。

在自我管理层面（学生能够自我评价、保持专注等），对目标的追求是积极反馈和消极反馈的有效性的一个中介变量。范 – 戴克和克鲁格（Van-Dijk & Kluger, 2000）发现，相对于消极反馈，积极反馈可以提高学生完成他们"想要做的"任务的动机，但会降低学生完成他们"必须要做的"任务的动机。因此，当我们在追求一个目标时，会因为积极反馈而更加愿意学习；当我们承担了一个不想完成的（"必须要做的"）任务时，又不太可能通过消极反馈来学习。正如我们经常说的，我们需要有驱动力。当学生致力于某个目标时，反馈就能够触发：

> 一个内在的比较过程，这个过程决定了个体如何对反馈做出回应。在接收到消极反馈时，个体会对他们的先前表现感到不满意，进而为未来设定更高的表现目标，并且比那些接收到积极反馈或者没有接收到任何反馈的个体展现出更高的表现水平。
>
> （Podsakoff & Farh, 1989）

积极反馈可以促进自由选择的行为（即学生能够回归活动，或者在活动中坚持不懈）以及自我报告的对活动的兴趣（Deci, Koestner & Ryan, 1999）。

即时反馈

这一节描述同伴辅导的可能的实践场景，然后再谈一下上课期间的"反馈暂停"、具体的改进方法和合作性同伴评分。

当教师不在讲台前讲解的时候，他们通常会在教室里不断走动，提问或者给予反馈，寻找更有效的方式确保所有学生都能在学习的过程中从教师和同伴那里获得反馈，这是过去 20 多年研究的主题。形成性评价或者反馈的本质是在学习过程中有能力对学习做出调整，及时改进学习。我们需要帮助学生寻求、接收和使用反馈，教会他们在课开始之前或者在上课期间的"学习暂停"中以成功标准来审视他们的努力，思考他们所分析的案例。反馈发生在所有人之间，学生成为彼此的学习资源。

97

同伴反馈

学生需要知道他们能够从其他同学那里寻求反馈，而我们要教会他们如何最有效地参与同伴合作和协作。

一种非支持性的环境通常会导致学生寻求和获取不正确的帮助，但他们可能无法意识到这些帮助是不正确的。莱恩和西姆（Ryan & Shim, 2012）区分了：（1）适应性求助（寻求学习上的帮助，比如寻求解释或者例子）；（2）依赖性求助（为了完成任务寻求帮助，通常是直接获取答案）。当学生步入中学和青春期，依赖性求助会增加。如果我们要培养独立的问题解决者，在讨论和示范适应性求助的关键反馈要素上投入时间，这是非常值得的。

纳托尔（Nuthall, 2007）对学生在课堂上的私人对话展开了深入的探索，在总结其研究发现时指出，学生在学校生活在三个不同的互相影响的世界中：

- **公共世界**：这是教师观察到并且由他们管理的世界。大多数学生都遵守课堂的规则和惯例，处于学习活动或日常活动之中。
- **半私人世界**：持续的同伴关系。这是学生形成和维持他们的社会角色和地位的世界。打破同伴的惯例可能比违反课堂规则造成更严重的后果。这通常是成年人意识不到的分帮结派、嘲弄和欺凌的世界。
- **儿童自我思维的私人世界**：知识和信念的变化和增长。这是个体思考和学习的空间，家庭和学校交织在一起。

这些世界的重要性与反馈的有效性相关。我们对这些研究发现的了解，可以增强我们对何时、何处以及如何给予反馈的敏感性。在同伴反馈方面，纳托尔发现学生的课堂对话通常是与完成任务有关的（"你做了多少东西？"），如果是在表层学习阶段，通常包含误导性的或不正确的反馈。

同伴反馈的最佳时机是在学生拥有知识概念之后（即 SOLO 的前两个阶段），这样他们就能够在概念之间建立联系。当学生仍在学习基础知识和概念时，把概念重新教一遍通常会比同伴反馈更有效。但当要求学生对概念进行分析、探讨概念之间的关系和拓展他们的思维时，同伴反馈会是最有效的。

> 当学生巩固深层学习时，与他人合作的效果是最明显的。这涉及向他人寻求帮助、在讨论中聆听他人发言、发展使用"学习的语言"的策略等技能。通过这种关于他们学习的聆听和表达，学生与教师意识到他们深入理解了什么、不知道什么，以及他们在探索哪些关系或拓展内容上遇到了困难。一种重要的策略是让学生成为其他人的教师，并从同伴那里学习，因为这需要高水平的自我管理、自我监控和自我期望，还需要聆听他们对学习者的影响。
>
> （Hattie & Donoghue, 2016）

促进同伴反馈的方式之一是同伴辅导。斯莱文、赫尔利和张伯伦（Slavin, Hurley & Chamberlain, 2003）描述了合作学习中最大限度地促进学生之间的反馈的四种机制：

动机：学生愿意帮助他们的同伴，因为如果设定的合作规则和期望是良好的，能够使学生更加努力，那么帮助同伴符合学生的自身利益。

社交凝聚力：学生互相帮助，因为他们在乎他们的搭档或者小组，所以他们会更加努力。

个性化：成绩较高的学生帮助成绩较低的学生，有时也会反过来。

认知精加工：向他人解释有助于学生更清晰地思考，巩固他们自己的理解。

下面是一所学校基于上述理念发展同伴辅导的例子。

富勒姆的兰福德学校的同伴辅导

这所学校第一次采取同伴辅导的理念，是在录制关于篮球训练的视频时。在那之后教师们展开了很多讨论，并且共同设定了关于优质辅导的关键要素的成功标准，如下：

一位良好的学习辅导者是什么样的？

- 他们帮助你反思成功标准。
- 他们不会告诉你答案。相反，他们会提问，引起你的思考。
- 他们会提出一些关于策略（比如，选择恰当的用词）的建议，帮助你聚焦于特定成功标准的要素，以提高你的学习。
- 反馈是具体的、有帮助的和友好的。

然后，教师向学生投影展示了不同学科的同伴辅导的案例，并且围绕这些案例做了大量示范。

随后，同伴辅导被引入数学课，师生进一步共同设定了一位良好的数学辅导者应该是什么样的成功标准。在那之后，同样的方法又被推广到了英语课上。以下是示范和"学习暂停"的成果。

99

成为一名良好的英语课学习辅导者的提示

- 有没有任何地方是你感觉需要帮助的？
- 你想对读者产生何种影响？
- 你认为你实现了这种影响吗？
- 你认为自己在多大程度上达到了成功标准？
- 你如何实现成功标准的这一个方面？
- 你在这里可以运用明喻 / 暗喻等。我们可以一起来想一个吗？
- 你可以想出一个比……更好的词吗？
- 你在写作中可以想出任何副词，并把它放在动词前面吗？
- 你可以在你的作文中问读者一个问题吗？

成为一名良好的数学课学习辅导者的提示

- 你遵循了成功标准吗？
- 你能够证明这是正确的答案吗？解释一下，你是如何知道的？
- 白板可以帮助你吗？
- 你会画图表吗？
- ……（比如，将数字四舍五入）的规则是什么？
- 你如何知道这个数字……（比如，能够被 2 整除 / 是质数 / 是 32 的因数）？

- 让我们谈论一个例子，将步骤再重温一遍。
- 如果你不懂，打断我，向我提问。
- 现在你可以自己做一遍这个例题吗？给我说一遍步骤。

学生知道他们在辅导的过程中必须先发问，如果他们的同伴无法自己得出答案，就需要向其解释，或者一起寻求答案。

教师鼓励学生在解释和解题时运用白板和在纸上画出图表来作为辅助。

学生每周都有一个随机的新同伴，与他们一起合作和互相辅导。有些人有时候会说："我真正地理解了这个，所以我能够向其他人解释。"

这所学校的同伴辅导现在与三个"学习区域"联系了起来（见第 2 章：恐慌区、学习区、舒适区）。在对家庭学习活动进行评分时，以及在数学课上，学生互相进行辅导，他们非常乐意帮助学习同伴或者班上的其他同学。在运用同伴辅导的课结束后，关于"什么进展顺利 / 不顺"的常规讨论保障了同伴辅导的质量。

兰福德学校的师生对数学课上随机匹配的同伴辅导的评论

辅导就是一位学习伙伴向你提问，帮助你理解那些令你感到疑惑的问题。同伴提出的这些问题会帮助你最终得出问题的答案。在辅导中，你不应该做的事是直接为你辅导的同学提供答案。同学不会理解他们是如何得出答案的。如果在考试中，他们遇到一个类似的问题，他们就不知道如何得出答案，而你也不能把答案给他们。如果一个人得到了他人的辅导，他们会有一种成就感，感激他们的辅导者。辅导者也感到高兴，因为他们帮助了他人。

（学生，香农）

辅导就是当你的学习伙伴在一个问题上陷入停滞，他们需要你的指导，所以你帮助他们，确保他们理解你如何完成那些步骤以及为什么那么做。我认为辅导对我的学习有帮助，因为有时候我在数学上遇到困难，需要辅导来帮助我理解自己为什么以及是如何得出错误答案的。我喜欢别人辅导我，因为我有机会从我的错误中学习；我也喜欢辅导他人，因为当我看到别的同学也有机会从他们的错误中学习时，知道自己帮助了其他人吸取前车之鉴，这带来的满足感是非常美妙的。我喜欢这种感觉。一位良好的学习辅导者不会把答案告诉他们的学习伙伴。

（学生，阿曼妮）

良好的学习辅导者不会告诉他们答案，而是通过提问引导他们。当同学没有得到正确答案时，良好的学习辅导者不会轻易放弃。良好的学习辅导者不会谈论无关紧要的东西，让他们辅导的人分心。

（学生，米娅）

学生对他们的学习有更大的掌控力，学习更活跃。他们成了彼此的学习资源。

［他们的教师，马蒂·库珀（Maddy Cooper）］

句式

圣迭戈的"核心合作"组织（The Core Collaborative）的萨拉·史蒂文斯（Sarah Stevens）和保罗·布隆伯格（Paul Bloomberg）设计了一组同伴对话句式（见图4.3）。"下一步"的方框鼓励进一步的思考和讨论。我们给予学生越多的可用于成为彼此的学习资源的词汇，学生的能力就越强，效率越高。

上课期间的"反馈暂停"：面向所有人的反馈

这一节的重点是萨德勒的"缩小差距"的第二和第三个阶段，即学生需要"比较实际的表现水平与目标"和"采取适当的行为缩小差距"。上一节已经谈论了学生和教师如何获得"更深层的理解"，以促进关于他们的表现与目标比较结果的有效反馈。上课期间的"学习暂停"是激活自我评价过程的必需部分，能促进学习过程中的改进，让学生再次看到优秀的例子是什么样的，因此同时向所有学生提供反馈。这是学习过程中非常有用的暂停，因为它体现了"刻意练习"：认准卓越的具体表现，为如何取得进步提供范例或者示范。这对确保反馈的提供和接收以及根据反馈采取行动很有帮助。

在一堂课或者系列课程开始时，整个班级对优秀案例进行分析，在此之后教师可以在课的任何一刻停下来，让学生分析投影在屏幕上的他们正在做的作品或作业，从而将他们当前的学习与其他人相比较。教师随机选择作品。因为

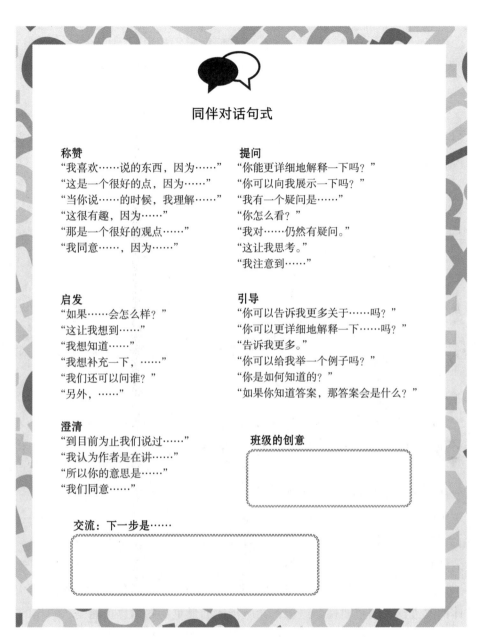

图 4.3　同伴对话句式

不知道谁的作业或作品会被抽中，所以每一个人都会集中注意力。如是重复这一过程，每一个人的作品或作业都可能作为讨论的对象，无论学生成绩的好坏，也无论是写作、数学、科学还是其他学科。课堂的常规活动如下。

1.作品或作业被投影在屏幕上，让班级先阅读一下。如果是美术作品，就先观察一下；如果是数学题，就先研究一下。

2.同伴讨论哪些是能够反映成功标准的最好部分。如果是记叙文写作的话，讨论哪些要素有最大的影响力。正如第3章所讨论的，一份作品可能在技巧方面有所欠缺，但可能以其他的方式展现出才华。学生对那些最好的部分给出自己的意见，将它们画出来并分析它们为什么很好。

3.然后，向班级提问：有哪些部分可以改进，变得更好？思考一下任务的目标和相关的成功标准。这在语文中可能是修改用词或标点符号，在科学中可能是加入更多的证明和归纳，在数学中可能是指出错误点。

> 我们不想只是为了修改而修改。我有一次看到两个学生将一个非常好的句子改写成一个短句，删去了一些好的形容词，只是因为成功标准中有一点是使用短句能够营造出惊悚故事的效果。教师有必要通过让学生接触到一些优秀文本中的好词好句，使他们发展出一种对高质量的"嗅觉"，这样他们就可以对质量有所感知，而不是将其教条化。

教师需要向学生示范如何分析和修改他们的作品，合作讨论和改进彼此的作品，找出有效的要素，然后给出具体的改进建议。

103

什么是"具体的改进建议"？

罗恩·伯格（Ron Berger）的著名视频《奥斯汀的蝴蝶》（Austin's Butterfly, 2013）受到了全球的赞誉，它展示了有意义的和具体的反馈的价值（比如，蝴蝶的翅膀需要更加尖一些，更像三角形一些），而不是一些宽泛的反馈（比如，尝试让翅膀更好看一些）。很多教师将这一段视频展示给班级，强调刻意练习和具体的改进建议的重要性。这段视频所传递的最重要的信息可能是，协作的方法和公开的批评在有清晰的准则时能展示出多大的力量。教师对年轻学生应该如何点评给出了清晰的准则，这让奥斯汀更多地感受到了鼓励，而不是气馁。对于那些不熟悉这一视频的人，以下提供对这一节课的总结，这一节课是在爱达荷州博伊斯市的鸿雁特许学校的一个一年级班级上的（学生年龄为5—6岁）。

在即将举行的一场全校活动中，学生们要制作留言卡，打印出来后，拿到社区义卖。奥斯汀为了制作他的留言卡，选择了临摹一幅西部燕尾蝶（见图4.4）的科学插画。由于缺乏高超的绘画技巧和良好的动作技能，奥斯汀绘制初稿的方式是先观察照片，然后把照片放在一边，根据脑海里蝴蝶的形象动笔作画。

然后，教师伯格在全班学生面前把奥斯汀的画作（见图4.5）放在照片旁边，鼓励奥斯汀像科学家一样思考，仔细观察和记录。教师让奥斯汀的同伴给他一些（有帮助的、具体的和友好的）建议——他如何修改他的画作，才能使它更像照片中的蝴蝶。他们首先关注的是蝴蝶翅膀的形状，在形状被改正以后，他们继续修改翅膀的花纹。班级为评价这两个方面的质量编制了一个量规（见表4.4 和表4.5）。

图 4.4　西部燕尾蝶

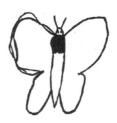

图 4.5　初稿

表 4.4　量规：蝴蝶形状

自我评判	没有达到预期	几乎达到预期	达到预期
你的蝴蝶占满了整一页纸吗？	连半页都没占满	占了页面的四分之三	几乎占满一页纸，仅边缘留出 1.5 英寸
蝴蝶的翅膀和身体符合比例吗？	翅膀和身体不符合比例	翅膀和身体大致上符合比例	翅膀和身体完全符合比例
翅膀对称吗？	翅膀不对称	其中一对翅膀完全对称	两对翅膀都完全对称
身体包括腹部、胸部、头部吗？有触角吗？	身体只包含其中一个部分，可能有触角	身体只有两个部分，可能有触角	身体有三个部分，而且有触角

表 4.5　量规：蝴蝶花纹

自我评判	没有达到预期	几乎达到预期	达到预期
观察特征： ● 眼点 ● 边缘 ● 条纹 ● 扇形 ● 翅脉 ● 斑点	不包含任何观察特征	包含一些观察特征	包含大部分观察特征
准确地画出这些特征	没有准确地画出大部分的特征	准确地画出一些特征	准确地画出大部分特征

值得指出的是，如前面章节所描述的，这个阶段的量规都是典型的封闭性学习意图和成功标准。因为这是一个封闭性技能（临摹／仔细观察），所以成功标准也是封闭性和强制性的。相比之下，写作的成功标准就不是以同样的方式发挥作用了——它们不是强制性的，相反，是包含一系列可能策略的工具箱，并且它不保证质量，这也和画蝴蝶的成功标准不一样。即便如此，对写作的改进建议也可以是同等具体的（比如，"你可以说你的心在狂蹦乱跳，而不是你被吓到了"，给予作者一些想法和灵感）。

第一位点评的学生建议奥斯汀应该把翅膀画得更尖一些，更像三角形一些，不要那么圆，并且底下应该添上两条燕尾。奥斯汀很高兴地去画了第二稿（见图4.6）。

图 4.6　第二稿

第二位学生告诉奥斯汀，这比第一稿好了很多，但也提醒他不要忘了蝴蝶每一边都有前翅和后翅。

对于第三稿（见图4.7），学生们称赞了奥斯汀的进步，但也指出前翅又偏圆了，所以他必须再次把前翅画得更尖一些。

对于第四稿（见图4.8），小组成员告诉奥斯汀现在他应该准备画花纹了。奥斯汀仔细地将花纹临摹下来，创作了第五稿（见图4.9）。现在，学生们告诉他是时候要上色了，通过对照照片中的颜色，奥斯汀创作了终稿（见图4.10）。

图 4.7　第三稿

图 4.8　第四稿

图 4.9　第五稿

图 4.10　终稿

最终的产品不仅是一幅美妙的作品，而且见证了奥斯汀从一位小学生到一位新手科学家 / 艺术家的蜕变。

认真审视"奥斯汀的蝴蝶"所发生的变化，我们发现对于在实际行动中展示刻意练习，以及对最终产品的制作，具体和清晰的反馈有多么重要。如果反馈没有那么具体（比如，"你可以把翅膀画得更好一些"），奥斯汀就很可能无法达到这一水平。

比如，如果我们将那些具体的改进建议运用在学生的写作上，仅仅让学生"写一个更好的句子"或"提供更多证据"，显然不会带来真正的改变。改善写作需要更努力地想出一些可用的字词、短语，或者向学生提供例子，说明他们可以加入哪些元素，但如果没有这样做的话，学生可能会说：如果他们知道如何改进，他们早就那样做了。

自我改进

在上课期间的"学习暂停"中，班级评判和分析了一些学生的作品或作业。在此之后，受到班级讨论的影响和激励，学生们通常十分渴望做一些自我评价，然后继续改进他们的作品。如果学生一开始就有机会自己发现错误或者需要修改的地方，那么由同伴提出这类建议会令学生十分沮丧。

> 学生被迫分享尚未完成或者未经修改的作品，他们的作品被察看的方式可能会令学生感到不舒服。坚持先让学生自己修改，这可以确保他们所接收到的反馈指向他们自己无法发现的地方，这是使他们对自己所分享的作品感到自信的关键。
>
> （Costa & Garmston, 2017）

合作性反馈讨论

在此时，或者学习进入尾声时，同伴反馈可以成为分享想法以取得进步的重要源泉。在过去，同伴评分或者同伴评价的一种常见的形式是交换学生的作品或作业。学生变成教师，独自对同学的作业予以评论——他们喜欢什么地方，哪里可以改进。我们看到了学生以这样一种方式予以评论的很多案例，但一种普遍的印象是他们的评论大多是肤浅的，无法带来很多帮助。但合作性反馈，即作者与学习伙伴展开讨论，由作者做最后的总结，然后做出改进，这样的方式能够带来一种完全不同的和更富有成效的体验。这种方式验证了结构性合作的力量。可以按如下步骤培训学生展开合作性反馈讨论。

107

1. 两位学生一起阅读和讨论他们其中一位的作品或作业，所以两个本子应该叠在一起。这个作品或作业是谁的，谁就拿着笔，这是与交换本子的场景的根本性不同。

2. 两位学生一起决定哪里是最好的，他们可能会有不同意见，但需要给出理由，并画线标出那些好的部分。

3. 然后，他们谈论如何做出改进，作者在作品上修改，在改进的地方用不同颜色的笔。由于用于修改的空间可能非常有限，很多学校都在学生作业本上的左手边留出空白，这样修改的空间就不会有所限制，并且更清晰可辨。两位学生都无须在本子上写上他们的评论，因为这会浪费很多宝贵的时间，他们能够利用这些时间做出很多实质性的改进。再次强调，作者拥有如何修改的最终决定权。

4. 两位学生以同样的方式来处理另一位学生的作业或作品。

5. 在合作性讨论以后，参照往届学生的和更复杂的作业或作品，他们可以分开，独自专注于自己的改进。

对这个过程的观察和录像证据揭示了：

（a）当作者大声地读出他们的作品时，他们会立即发现自己的错误。在数学中，与之相对应的是，根据成功标准，对着学习伙伴把自己的做题步骤和思考过程说出来。

（b）相比于学生与教师的对话，学生之间会有更加自然的对话，他们会互相打断或者要求对方澄清等。

成为彼此的教师是一件复杂的事情，因此需要示范和辅导。我们需要让学生知道他们的伙伴只是为了陈述他们的想法，而不是为了说教，这需要示范（比如，"多谢，这让我想到了另一个主意"）。

　　这种合作性改进的过程可以被运用在所有的学科中。除了"本子"以外，叠在一起的也可以是数学题、美术作品、科技模型等等。每次就一个人的表现展开讨论，这样他们在对话的过程中就不会因为只看自己的作业或作品而分神。

　　一种常规的教学是，从不中断课堂学习，学生把本子交给教师，教师千篇一律地打分，隔了一段时间以后再交还学生，姗姗来迟的反馈不过是一些书面的评语，已经无法带来任何改变。相比之下，从"课堂暂停"到自我评价，再到合作性反馈讨论的三部曲，可以使学生比平常更加努力。当然，在有些时候，我们不应该打断学生的思考。但如果我们是在培养学生的技能，相比完成最终的产品之后，再回过头来重做一遍，不断地回顾和检讨会更有帮助。

反馈和前馈

　　奥克兰的石田学校运用"反馈"和"前馈"这两个术语来区别学生已经成功地做到了什么和有哪些方面可以改进。应该指出，"反馈"这个术语其实通常可以涵盖这两个方面。

　　图 4.11 和图 4.12 是来自这所学校的一些例子。

108

109

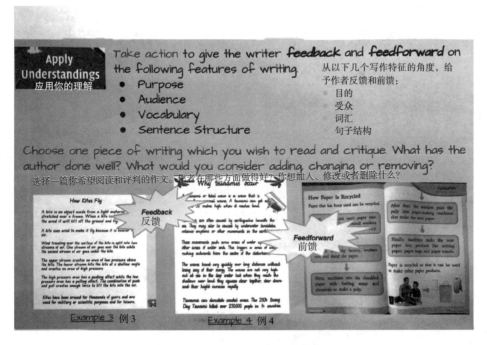

图 4.11　石田学校"应用你的理解"

图 4.12　石田学校的同伴反馈

108　　加利福尼亚州罗斯学校的丹妮尔·德拉波特（Danielle de la Porte）创造出以下句式，让学生在参与同伴合作讨论时使用——他们每一个人的作业或学习是否取得成功，以及如何才能改进。

口头讨论中可能使用到的反馈句式

正面评论

我真的很喜欢……的方面，因为……

……给我留下了深刻印象，因为……

我发现……的部分很有趣 / 很有创造性 / 信息量很大。

建设性评论

我认为这一部分可以加入关于……的更多细节 / 更加强调…… / ……可以更有创意。比如……

我认为可以改进的一个方面是……

为了改进它，我建议……

就作业或作品与学生定期开展一对一面谈的力量

两个人在短时间内就可以说出千百个词，并且产生巨大的影响，因为相比于书面反馈的局限性，口头反馈能够使师生之间产生个人的联系，使学生有机会真正理解讨论的内容。

很多学校的教师负担越来越重，因为学校期望教师对每一篇作业或作品都做出详尽的回应。由于这种限制，一些教师和学校在减少他们用于书写改进建议的时间，取而代之的是与学生就他们的一篇作文进行 5—10 分钟的面对面讨论。到目前为止的反馈表明，这种方法比没有互动的改进建议有更多的益处，尽管它只适合于某些场景。显然，在这样的交流中，教师和学生可以说很多东西——不仅是与学习相关的，他们之间的关系也会得到发展。教师的一种典型的说法是，学生很珍惜教师分配给他们的个人时间，并且因此感到自己被重视。

师生甚至可能花费 3—5 分钟一起谈论一篇作文，比如说，聚焦于开头的几个句子，也可能会比一页书面评论带来更多的反馈益处。就他们如何才能取得进步这一复杂的主题，与学生开展个人的、关怀的面对面对话，其效果不容小觑。我们相信，这些积极的、建设性的互动在未来的很多年内都将留在学生的记忆中。

案例：面对面对话中可能的讨论点

以下这篇高阶写作的作文出自苏塞克斯的赫斯特蒙苏学校的一名学生，是一篇未经修改的人物描写的第一部分。班级通过分析一名往届学生的优秀的海盗人物描写，共同设定了成功标准。请注意，为了使意思更加清楚，我把被分析的文章中所使用的一些示例短语放在成功标准后面。

> **学习目标：写一篇人物描写**
> **（作者的写作意图——"007"角色）——摘录**
>
> 迈克尔·斯特赖克站在白金汉宫对面，等待他那劳力士腕表的时针最终指向 7 的那一刻。他是一位二十出头的年轻人，他左边的脸颊有一块特别的疤痕，这是由天然气爆炸造成的，是上一次任务馈赠给他的"礼物"。他的头发如同铁丝一般，一顶深褐色的帽子几乎盖住了他那甲壳虫般深邃的黑眼睛。
>
> 迈克尔身材健硕，他有士兵般宽大的肩膀、笔直俊朗的躯干（这显然是严格的身材管理的结果）。他身穿一套没有丝毫褶皱的晚礼服，佩戴着蝴蝶领结，就像他的偶像 007，时髦前卫且聪明绝顶。他还有很好的幽默感，比如在他还是伊顿公学的一名学生时，他偷了校长的假发并且把它藏匿起来。

110

人物描写的成功标准

■ 描写面容 / 头发 / 嗓音（比如，脏辫子、脸颊上的疤痕）。

■ 描述身材（比如，宽大的肩膀）。

■ 描述服饰（比如，邋遢的大衣、污秽的围裙）。

■ 第三人称（比如，他曾经是，她是……）。

■ 描述他们的行为（比如，步伐沉重：侧面烘托而不是直接描写）。

■ 用一个背景故事去展示他们的性格特征（比如，他有很好的幽默感）。

■ 比作某样事物（比如，明喻——酸得像醋栗一样）。

这篇习作为读者提供了有效的人物刻画，呈现了一位 007 特工的形象。思考它对读者的以下影响，有助于我们提出改进的建议。

我们的反馈需要是具体的、有帮助的、友好的、与任务相关的，而不是与自我相关的。说出那些能成功地给读者带来影响的部分："我喜欢你用'劳力士'来展示，而不是告诉读者他很富有和成功。我也很喜欢你在第一个句子中使用了'最终'这个词。它告诉我们，他已经等了很长时间，甚至已经有些不耐烦。他在等待什么？这挑起了读者的兴趣。"

然后，我们可能会建议作者注意一下如何使用标点符号能使写作更有力道，比如在"天然气爆炸造成的"和"是上一次任务"之间使用破折号，删去逗号和"是"。我们可以问，他的名字是否需要出现——如果他保持匿名，会不会营造一种更加"007"的氛围？在他的手表即将走到 7 点这个信息之后，是否可以加一个句子，使读者知道他可能正在执行一个十分危险的任务？将"站在"改成"正站在"会不会产生一种更敏锐的感觉，然后对其他相似的动词都做出这种修改？我们用了"劳力士"这个词，还需要用"腕表"吗？我们可以寻求作者的意见，并且明确表示永远都是由他们做决定，但每次提出建议时都让他大声地将那一部分读出，看看这些建议能否真的提高文章的水平。

诺弗克的彼得豪斯学校的一位 6 岁儿童的教师丽贝卡·托维尔（Rebecca Towell），描述了她如何与班上的学生组织一对一的面谈。

一对一反馈

在我每周的时间表上，星期五下午都安排了一个时间空档，让我能够向每一位学生就他们创作的一篇作文给予反馈。在这期间，我能够与班上的一半学生会面，与每个学生谈上大概 5 分钟。接下来的一周再和另一半学生谈。我通常只对作文提供反馈，但以前我也对数学提供反馈。

反馈结构

112

- 我和孩子们谈论他们在活动中的感受。

- 我问孩子们，他们想不想大声地把他们的作文读出来，还是想让我来读。在这期间，我们会找出其中的错误。

- 我们讨论他们是否达到了目标，以及他们是独立完成的还是在成人的支持下完成的。

- 我和孩子们拿着绿色荧光笔，涂抹以下这些符号（见图 4.13），把他们做得好的地方标出来。

ABCDEFGHIJ KLMNOPQR STUVWXYZ 大写字母	指尖宽的空白	标点符号
THE POWER of Words 词汇	until yet for because yet though 连词	字母书写
拼写	排版	言之有物

图 4.13　反馈用的符号

- 我们用绿色荧光笔把写得很好的句子画出来，同时在句末画一个心。

- 我们讨论他们下一步应该做什么，用粉色的笔把符号标出来。

- 当出现拼写错误时，我们会谈论一下如何拼写单词。然后我在他们的本子上写出单词，让他们抄写。如果出现字母书写错误，或者发现句意不通，我们也会这样做。

影响力

- 在我的上一个班级中，30 个学生中有 29 个能够独立写作。

- 孩子们在写作上的很多学习差距迅速缩小了。
- 从学年开始（6岁）到结束，孩子们的进展惊人。比如，一个特殊儿童在幼儿园阶段没有达到预期标准，但在这学年结束时，他稳稳地达到了预期的写作标准。
- 孩子们喜欢与教师一起给他们的作品打分。
- 这有助于发展他们的自尊和与教师建立积极的关系。

113

评改小组：组内一对一讨论

来自牛津市克罗马什学校的安迪·希尔维斯特（Andy Silvester），与他的11岁学生们针对篇数更少的作文进行了更为深入的讨论，确保他与被分成四人一组的学生们之间有更高质量的讨论。学生在小组中分享他们每一阶段的写作，讨论成功和可能的改进之处。学生作文本上的每一页都显示出他们的学习进展，因为他们的每一篇习作都至少打磨过三稿。安迪解释了他如何组织这一种方法。

评 改 小 组

我们班级的主题是以下这个核心问题："这一篇作文与前一篇有什么明显的区别？"课堂上的所有活动都围绕这个问题展开。这意味着学生面临持续的挑战——他们必须为自己的决定辩护，想方设法地提高。

总体结构

一小群学生轮流阅读一篇作文，根据设定的成功标准对其进行讨论和分析，与此同时，教师引导对话，并对作文进行点评。学生为进步设定目标，然后小组继续讨论下一篇作文。在讨论结束以后，学生按照新目标立即修改他们的作文，然后评估对他们的作文的影响。

对方法体系的详细描述

事先准备

教学照常进行，通常是整个班级一起进行。面向全班分享的文本通常被用作某种形式的刺激物，伴随的是大量的讨论、教师示范、优秀案例等，以建立成功标准。

评改小组

结构

开始写作文以后，学生们以混合分组的形式建立起流动性较大的小组。我认为这种形式能够为所有参与者带来最大的益处。小组的人数在 3—6 人之间，最佳人数是 4 人。

过程

阶段一——准备

班级首先要讨论任务和分析成功标准，让所有小组都知道成功的证据可能长什么样子。然后，每一个孩子选择去寻找一种特定的要素，比如有效使用开场白、句子结构的多样化、发挥开头句的作用，以及其他任何与任务相关的事情。

阶段二——专业检查

将第一个学生的作文呈现在小组前面，对其排版和总体布局进行专业检查：它是否符合 11 岁儿童的表现？

随后，学生大声地读出作品，每次分析一部分，学生们在中间插入评论，这些评论与他们在阶段一所选择的成功标准相关。

阶段三——分析

通过像这样的讨论和教师的指导，小组总结出他们喜欢这篇作文的哪些部分，并且设定改进它的一系列目标。这些都记录在作文的结尾，然后小组转向下一个学生的作文。

教师每次为学生设定目标，然后他们会在下一篇作文中寻找这些要素（见阶段一），判断出现或缺乏这些要素的影响，并且通过案例或者讨论来获取如何实现目标的提示。

时间控制：我通常允许每个学生有 10 分钟时间。

在进行这个步骤的同时，我不仅促进讨论，而且会紧跟学生的讨论，在心里或者使用速记法，记下作文的语法和结构。这些可能对于小组中的其他成员没有那么重要，却有助于我在学生完成作文时为他们设定个人目标。这些都记录在学校所设计的评价单上。这意味着评价系统时刻都在更新，成为规划下一步的不可或缺的部分。

阶段四——修改

在小组点评以后，学生回到各自的座位上，开始修改他们的作文，并且需要与他们收到的建议相符——在我看来这与一开始给予的建议同等重要。收到建议之后采取行动，可以让学生形成习惯和带来改变。

学生通常会到某个评改小组"旁听"，如果他们觉得这样做对他们有益，我也会鼓励这样做。当他们希望收集一些新想法，帮助自己突破关键点时，或者当他们专注于某个目标，但需要更多的指导来实现它的时候，他们通常这样做。作为"旁听生"，他们不需要直接参与到对话中，但也欢迎他们提问和对讨论做出回应，尽管评改小组可能不会直接分析他们的作文。

115

阶段五——自我评价

自我评价是这个过程中的一个关键部分，它可以采取两种形式：第一种形式是完成修改，并且评估这些改动带来的影响，解释这篇作文为什么和在多大程度上得到了显著的改进。第二种形式是通过找出需要提高的要素，将修改融入自我评价，解释如何实现成功标准，修改作文并解释其影响。

自我评价是整个框架中的关键要素，有助于教师深入地了解学生对目标的理解，而这又有助于指引未来的教学规划和个人目标的设定。

总结

在这个过程结束时，整个班级对每一篇作文都至少进行了一次小组点评。如果进展顺利，可能已经进行了两次（一次是作文尚未完成时，一次是整个过程结束时）。并且可能在一段时间以后，以"旁听"的形式再次点评。我认为点评已经完成，所以我不会为了点评把学生的本子收上来，从来也没有过。

这个过程需要耗费很多时间，并且需要重新思考如何安排时间表。通常，一个完整的评改小组活动，从开始写作到自我评价，需要几周时间。我发现，一年下来，我们完成的作文的总数比传统方法要少，但在学习的深度和提高的水平上却远远地超过了传统方法。

两名学生的案例（见图4.14和图4.15）展示了评改小组这种方法的力量。

教学情境是对贝利·达赫蒂（Bernie Doherty）的小说《海之女儿》（*Daughter of the Sea*）进行简短的分析。教学重点是通过掌握一种更加电影化的手法，发展更复杂的写作技巧：从一般性细节出发，然后再聚焦于某些方面。

116

Who is the main
character?

Introductions

① Daughter of the sea og is a quite straight forward book, however when it comes to unpicking who the main character is it comes to quite a tricky conclusion. The reason for this is because Berlie Doherty has described two characters in a very similar way, making it extremely ~~different~~ difficult to decide.

1a ✗ Daughter of the ~~is~~ sea ~~is~~ ^has^ a very complex story line and so when it comes to deciding who the main character is, it comes to a very tricky conclusion. The reason for this is because ~~Berlie Doherty has described two characters in~~ ^a^ ~~very similar way~~, making it extremely hard to decide. This decision is also extremely hard as ~~a~~ ~~it~~ their are three or four characters at different times moving the ~~story~~ story forward.

MT

Berlie Doherty ~~a~~ has developed two characters in similar ways and so they have a similar background story!

Standard Intro From
Before Christmas

It could be argued that Ellen is the main character but others may argue that Gioga is.

图 4.14　学生 1 的习作

117

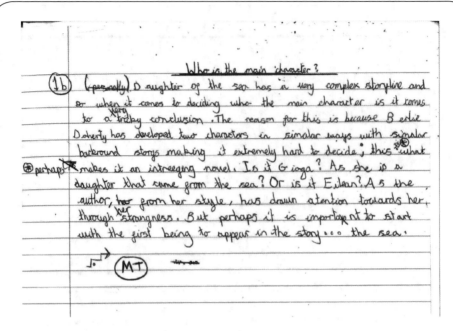

图 4.14 学生 1 的习作（续）

图中文字转录：

草稿 1 和草稿 1a 都是在一个分享想法的混合能力小组里完成的。

草稿 1：《海之女儿》是一部相对平铺直叙的作品，但当要解构谁是主角时，我们就很难得出结论了。原因是，贝利·达赫蒂以非常相似的方式描述了两个角色，这使人极其难以做出决定。

草稿 1a：《海之女儿》有非常复杂的故事线，所以当要决定谁是主角时，我们就很难得出结论了。原因是，贝利·达赫蒂以相似的方式塑造了两个角色，这两个角色有相似的背景故事，这使人极其难以做出决定。它在不同的时候都分别有三个或四个角色推进故事情节，这也是我们难以决定的原因之一。

学生与教师在评改小组中一起点评，并且给出了以下的建议：

■ 将角色放在语境中思考，解释你为什么要选择他们。

草稿 1b（终稿）：《海之女儿》有非常复杂的故事线，所以当要决定谁是主角时，我们就很难得出结论了。原因是，贝利·达赫蒂以相似的方式塑造了两个有相似背景故事的角色，这使人极其难以做出决定。可能正是这一点使其成为一本有吸引力的小说。是乔加吗？因为她是来自海洋的女儿。是艾琳吗？因为从写作风格来看，作者通过描写艾琳的奇特之处，将读者的注意力引向她。但或许最重要的是回到故事中第一个出现的角色……海洋。

在分享和庆祝完成最终的作品以后，接下来是第二场点评。

118

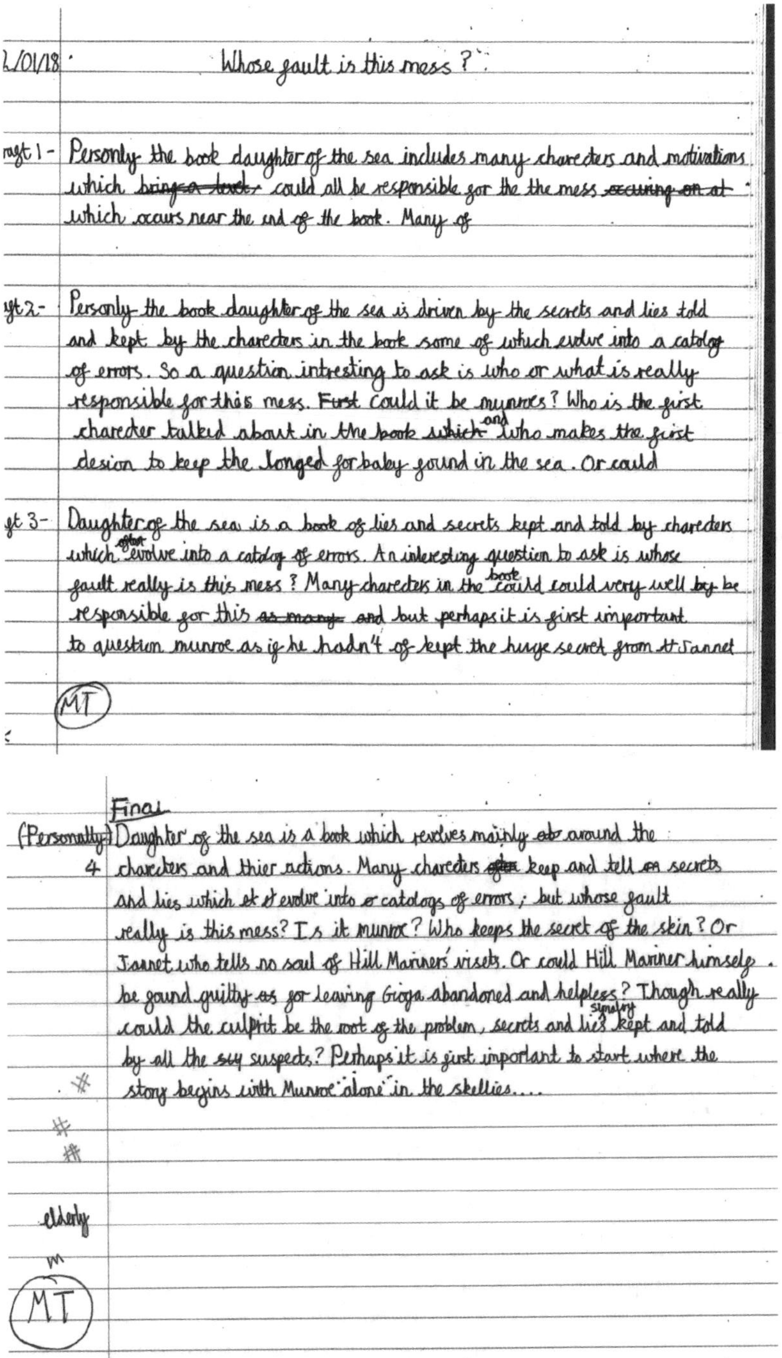

2/01/18　　　　　Whose fault is this mess?

ragt 1 - Personly the book daughter of the sea includes many charecters and motivations which ~~bring a text~~ could all be responsible for the the mess ~~occuring on at~~ which occurs near the end of the book. Many of

yt 2 - Personly the book daughter of the sea is driven by the secrets and lies told and kept by the charecters in the book some of which evolve into a catalog of errors. So a question intresting to ask is who or what is really ~~First~~ responsible for this mess. Could it be munroe? Who is the first charecter talked about in the book ~~which~~ and who makes the first desicion to keep the longed for baby found in the sea. Or could

yt 3 - Daughter of the sea is a book of lies and secrets kept and told by charecters which evolve into a catalog of errors. An interesting question to ask is whose fault really is this mess? Many charecters in the book could very well be responsible for this ~~as many~~ and but perhaps it is first important to question munroe as if he hadn't of kept the huge secret from it Jannet

(MT)

Final
(Personally) Daughter of the sea is a book which revolves mainly ~~ab~~ around the
4　charecters and thier actions. Many charecters ~~oft~~ keep and tell ~~on~~ secrets and lies which ~~et~~ evolve into ~~a~~ catalogs of errors; but whose fault really is this mess? Is it munroe? Who keeps the secret of the skin? Or Jannet who tells no soul of Hill Mariners' visits. Or could Hill Mariner himself be found guilty ~~as~~ for leaving Gioga abandoned and helpless? Though really could the culprit be the root of the problem, secrets and lies kept and told by all the six suspects? Perhaps it is first important to start where the story begins with Munroe 'alone' in the skellies....

119

elderly

(MT)

图 4.15　学生 2 的习作

图中文字转录：

这场混乱是谁的过错？

草稿1：个人的观点是，《海之女儿》这本书有很多角色，而且他们有不同的动机。这些角色可能都应该对故事结束时的混乱负责。很多……

草稿2：个人的观点是，《海之女儿》这个故事是由书中众多角色所说的和隐藏的秘密与谎言所驱动的，这些秘密与谎言最终发展成了一个错误的灾难。因此，我们要问的一个很有趣的问题是，谁或者什么应该为这场混乱负责？首先，门罗应该为之负责吗？他是书中谈到的第一个角色，而且他第一个决定收留在海里发现的那个婴儿，而大海希望要回她。或者……

草稿3：《海之女儿》是一个关于谎言和秘密的故事，角色所隐藏和说出来的谎言与秘密最终酿成了弥天大祸。我们要问的一个有趣的问题是，这场混乱是谁的过错？书中的很多角色都应该为其负责，但可能我们最先应该质疑门罗，因为如果他没有向珍妮特隐瞒那个巨大的秘密……

终稿：《海之女儿》这个故事主要围绕其中的角色和他们的行动展开。很多角色所隐藏的秘密和说出来的谎言，最终酿成了弥天大祸。但这场混乱到底是谁的过错？是门罗吗？他隐瞒了最初的秘密。或者是珍妮特？她无意中说出希尔·玛利纳的到访？还是希尔·玛利纳自身的过错？他遗弃了乔加，使她陷入无助。尽管真正的罪人可能是问题的根源——只是所有这些嫌疑人所隐藏的秘密和说出来的谎言？或许最重要的是回到故事的开头，门罗独自在海岛上……

学生越来越独立地依次完成了草稿1、2、3。在点评环节中，她从评改小组的学生和教师那里获取了反馈。她收到的反馈是：

- 将角色放在语境中思考，解释你为什么要选择他们。
- 考虑与下一段的衔接。

她独立地写完了终稿。

安迪的写作课的一个关键特征是，他会将学生完成的每一稿都复印下来，将它们放在一个塑料文件夹里，挂在教室的墙上。安迪鼓励学生把它们从文件夹中拿出来，阅读别人的草稿，从中看到很多优秀案例和不同的写作风格、词汇选择等。请注意这两位小作者相互之间的影响，她们都以"或许最重要的是回到……"作为结尾，并且使用问句来激发读者的好奇心。

4. 结　论

原则

对于如此数不胜数的研究发现和课堂策略，一个简单的回应是我们需要了解我们的学生和他们的学习，让他们信任教师，让他们知道教师是在为他们着想。反馈没有简单的配方，因为学生都是不同的，需要不同的方法。然而，鉴于我们都知道即时反馈能产生最大的影响，教师需要遵从一些即时反馈的基本原则：

- 在学习过程中鼓励学生将挑战和困难视为常态。
- 抓住可能的时机明确学习目的。
- 指出错误概念，将它们视为自我改正的机会。
- 创造学生之间提供反馈的机会。
- 使所有反馈都与任务相关（学习意图、成功标准），而不是与自我相关（他们有多么聪明）。
- 不要过快、过于频繁地给予反馈，也不要以降低认知需求为代价……，允许学生面对更多的困难，从学习低谷中爬出来，减少对教师的依赖。但要了解学生。
- 提供和鼓励适合每一个学生的反馈（不要太简单，但也不要太难）。

时机

运用学习和反馈策略的时机是决定其成功水平的关键要素。表 4.6 总结了我们已知的最有效的策略。

表 4.6　各个学习阶段中最有效的反馈策略

学习阶段	需要什么
开始上课或单元开始时	• 学生对理解课程的自信和对课程的重视 • 对成功有总体的印象 • 相关的学习意图和成功标准
习得表层学习	• 知道如何总结、描述，以及将学习与先前知识联系起来
巩固表层学习	• 刻意练习，学而时习之，学会如何寻求和接收反馈
习得深层理解	• 计划和评价，监控自己的学习策略
巩固深层理解	• 知道如何进行自我对话、自我评价、自我提问，以及向同伴寻求帮助 • 将学习迁移到新情境中，包括知道如何发现新旧情境之间的相似点和不同点

当然，最重要的事情是学生是否对我们的反馈做出回应、如何回应，否则我们仅仅是在浪费时间。正如迪伦·威廉（Wiliam & Leahy, 2015）所说："最有效的反馈是我们的学生能够实际用于提高其学习的反馈。"

要　点

- 学生的自我效能感水平影响他们接收反馈的方式。
- 为了使学业成就最大化，任务应该处于"有益难度"之上。
- 如果我们对内容知识进行温习，遗忘有助于更好地记忆。
- 有一定间隔而不过量的学习是最有效的。
- 对于鼓励更多的问题解决和运用"应对困难"的策略，有时候反馈"少即是多"。
- 内容越是有意义，学生记住学习内容的可能性就越大。
- 学生对教师的反馈是最重要的，包括：（1）我的目标是什么？（2）我的进展如何？（3）下一个目标是什么？/如何能够取得进步？
- 教师设法提问和聆听学生的同伴讨论，能够使学生的理解显示出来。
- 当你问学生关于他们学习的事情时，不要预设你知道发生了什么——向学生寻求关于他们想法的反馈。
- 我们应该区别对待错误概念和粗心大意。
- 激发学生，使他们成为彼此的学习资源。
- 同伴辅导需要训练和示范。
- 上课期间的"学习暂停"，即将学生的作业或作品投影出来，让学生分析成功和可改进之处，提供具体的建议，是一个有力的工具：（1）它能够向所有学生提供即时反馈；（2）示范某一过程，学生稍后在小组中可以重现这一过程。
- 知道给予反馈的最佳时机是成功的关键（比如，巩固深层理解的学习阶段是同伴讨论的最佳时机）。

第5章　课后反馈

　　我们在上一章"课堂中口头反馈的力量"中聚焦于最有效的反馈。与即时发生的事情相比，任何在课堂结束后发生的事情，其价值都是有疑问的。然而教师通常在课后都有大量的本子要点评、评分或者写评语，而且深陷这样的泥淖中，但这对帮助学生取得进步并没有多大的价值。我们的意图是尝试强调课后反馈"少即是多"，以此减轻教师的工作负担。

　　本章首先要谈论（a）我们在课结束时从学生那里获得的反馈，可以指导我们的后续步骤，包括教师的教学和学生的学习。然后我们要解决一个棘手的问题，即（b）教师通过评分给予学生反馈。之后我们将会探讨（c）教师可以运用的不同的评论策略，比如书面评语反馈、提供例子等。最后，我们会谈论（d）与单节课没有直接关系的反馈，通常是总结性的反馈，而且会讨论父母或者其他学校合作者。我们还会提供（e）关于学校领导者的一些卓越的反馈政策和评论的案例。

1. 学生给教师的课后反馈

学生意见

　　如第 1 章所述，无论以何种形式，学生向教师传递的反馈都很重要，因为它是教师决定其给予学生的后续反馈的性质的出发点。教师面临着要覆盖尽量多的教学内容的困境，我们似乎通常因为缺少时间而忽略了学生意见。艾莉森·皮科克（Alison Peacock）在她的著作《无限制学习评估》（*Assessment for Learning without Limits*）中引用了剑桥大学教育学院的一位教师卢克·劳斯（Luke Rolls）的研究，他为了申请学位，就数学课堂的体验这个主题，访谈了伦敦一所学校的若干名 9 岁学生。学生的回应展示了设法倾听学生声音——他们对教师的教学、自己的学习的看法，以及他们有什么体验——有多么重要。

卢克：你说这些课程都在"赶课"，你当时有何感受？

吉娜：我不喜欢那样。实际上，我来学校是为了学习。我不喜欢我们一节课学习分数加法，另一节课学习完全不同的内容。实际上，我想多学几次，让它们进入我的头脑中，而不是一次就结束。

伯姆吉特认为很多课明显缺少表达和讨论的时间，他对此表达了他的沮丧：

"问题出在教师身上，他们想要把所有东西都说完，所以你没有任何时间。我不是说你，劳斯女士……，而是老师们，他们本可以少说一些，让学生多说一些。他们确实知道很多，但他们应该少说一些，因为我们可以说，在十年前，他们自己也不想他们的老师把所有东西都说出来吧，因为他们也想学到一些东西。如果教师把所有东西都给你了，你就不会真正地学到很多东西……。争论是一件好事，因为你在接纳别人的思想，它有助于你理解。基本上，你应该把你的想法说出来，看别人怎么说，然后再去思考它。"

（Peacock, 2016）

如果我们能够从学生那里听到这样真诚的反馈，我们就有更大的机会让学习可见，因为我们能够站在他们的角度去看问题。从学生的这两段发言中，我们看到如果学生更多地谈论、思考和学习，就意味着会出现刻意练习、间隔教学、过度学习，以及积极的而非消极的学习者。这些都是已知的有效策略，但这些学生在没有研究证据的前提下就已经知道了！

富勒姆的兰福德学校向每一位学生指派了一名"兰福德聆听者"（Landford Listener）。除了他们的班级教师，学校的每一个成年人——甚至是门卫、行政人员、学校事务经理等——都可以承担这个角色。孩子们以小组的形式与指定的成年人会面，讨论他们在校的总体生活情况、他们喜欢什么以及他们想给予教师什么反馈。成年人需要填写一张表格，将讨论的内容向教师汇报。学生也知道他们可以在任何时候找到"兰福德聆听者"，与他进行私下的谈话。

很多学校也在校长办公室外面设有"意见箱"，让孩子们可以就他们遇到的任何问题写署名或匿名的便条。如果署名的话，学生总是会收到个人化的回复。图 5.1 是兰福德学校的一些案例。

亲爱的吉本斯先生：

　　我写这封信给你，是想告诉你，男厕所里的一个水龙头只要一打开，水就会流很长时间。我知道你很忙，但你应该可以解决这个问题吧？

奥玛，5 队

　　谢谢阅读这封信。

亲爱的吉本斯先生：

　　我想要讨论一件极为重要的事情。在我的班上，如果少数人做出不当行为，大多数人都受到不好的影响。当班级被改成小队时，这种情况才开始发生。

　　此外，如果大多数人会因为少数人的行为而受惩罚，那么从逻辑上看，如果少数人受到嘉奖，那么大多数人也应该受到嘉奖。

　　我也想祝你在兰福德学校有一个很好的开始。

　　谨启

P

亲爱的吉本斯先生：

　　我写信给你是想告诉你，我正被一个叫米娅的女生欺负。我是 6 年级学生，她已经欺负我很久了。我尝试不理她，但她仍然这样做。你可以解决这个问题吗？我感到不开心。

　　谨启

苏哈·k

图 5.1　兰福德学校的学生书面意见

学生对课堂和学习的评价

　　最近，墨尔本市威弗利山中学的学生们，在负责倾听学生意见的带头教师海莉·杜萝（Hayley Dureau）的指导下，启动了一个增进师生关系的项目"我们教老师"（Teach the Teacher）。学生们调查了他们的同学，（基于调查结果）决定聚焦于学生给教师的反馈。同年，学生们为教师和学校领导者开办了一个专业学习会，他们与教师一起设计了关于"学生给教师的反馈"的问卷，教师可以在任何年级（7—12 年级）的任何学科中使用。下一年，他们向整所中学公布了调查结果。

在 2017 年，教师们再度使用了问卷，将重点放在运用收集到的数据提高教师的教学实践上。"我们教老师"团队再次与教师一起开会，讨论教师如何在他们的实践中运用这些信息。比如，如果教师认为他们清晰地表达了他们的意思，但数据却显示出相反的情况，学生就会对教师如何改善他们的表达提出策略建议。在很多情况下，这些策略都是教师从未想到的。学生也鼓励教师之间分享他们的策略，尤其是调查结果显示某种策略在某些教师的实践中非常有效时。以下是对学生发现的摘录。

教师对学生学习真正产生了多少影响？

根据研究结果，教师是除学生自己以外对学生学习影响最大的人。尽管教师很难帮助那些学习意图不明确的学生，但是教师对学生的影响通常比其他因素更大，大于父母或者学校环境。

我们的调查如何提供帮助？

我们的调查有助于教师判断学生的总体态度。我们的调查结果支持如下事实，即学生感觉与教师有一个健康的关系对他们的成功至关重要，即使学生知道教师会随时提供帮助，他们对接近教师也不会感觉很舒服。

我们的教师问卷显示教师对他们的岗位拥有很大的热情，全心全意想要帮助学生。结果也印证了来自学生的信息，即他们需要建立健康的师生关系。

教师调查和学生调查的结果也有一些差异之处。比如，教师说他们努力地表现出平易近人，但学生在很多情况下都感觉教师不易接近。

在一个关于反馈的拓展项目之后，学生再次被调查。他们称他们看到了"教师现在的教学方式有很大的改进"。"这使每一个人都意识到学生是可以与教师谈话的，学生能够给予教师反馈，而且这些反馈不一定是负面的。""教师偶尔听到好话是一件好事，但建设性的批评也是很好的。"

很多教师最近在尝试询问学生对课堂的意见，获得了很有启发性的反馈。请注意，他们聚焦于自己对学生学习的影响。图 5.2、图 5.3 和图 5.4 由斯托克港的拉尔沃斯学校的凯瑟琳·芒卡斯特（Katherine Muncaster）提供，它们揭示

了学生的一些想法：第一位学生想要一张个人的书桌，第二位学生想让她再教一遍长除法，第三位学生想让她布置一些更有挑战性的任务。

127

Feedback

Has your learning improved so far in Year 6? How?

Yes because at the beginning of the year I knew very little but now I see a massive difference.

How has your teacher helped you to learn?

I think my teacher has helped me to learn by making me sit next to the appropriate people which helps me learn.

What could your teacher do differently to help you learn?

I think my teacher can help me better by giving each person their own little table (like a desk).

Anything else....

图 5.2　学生给教师的反馈之一

译注：图中文字大意如下：

反馈

6 年级到目前为止，你的学习是否有所进步？有何进步？

有的。因为在这一年开始时，我知道的东西很少，但现在我有很大的改变了。

你的教师如何帮助你学习？

我认为，我的老师让我坐在能够帮助我学习的合适的人旁边，这对我很有帮助。

你的教师可以做出哪些改变，来帮助你学习？

我认为，我的老师可以给每个人一张自己的小桌子（比如一张书桌），这可以帮助我更好地学习。

还有其他意见吗？……

128

Feedback

Has your learning improved so far in Year 6? How?

Yes, I am feeling more confident in maths and English. I also feel more confident in spelling.

How has your teacher helped you to learn?

By teaching me things that I was unsure about. By helping me and encouraging me to do well and not give up.

What could your teacher do differently to help you learn?

Go over long division.

Anything else....

图 5.3 学生给教师的反馈之二

译注：图中文字大意如下：

反馈

6 年级到目前为止，你的学习是否有所进步？有何进步？

有的。我对数学和英语感到更自信了。我对拼写也更自信了。

你的教师如何帮助你学习？

老师教会了一些我不确定的东西，并且帮助和鼓励我做好，不要放弃。

你的教师可以做出哪些改变，来帮助你学习？

再复习一遍长除法。

还有其他意见吗？……

Feedback

Has your learning improved so far in Year 6? How?

Yes. Because my confidence has improved a lot and I feel more comfortable in lessons.

How has your teacher helped you to learn?

My teacher has let me show my specialities. Especially in things like the production and in whose got talent?

What could your teacher do differently to help you learn?

They could've uped the level of the work because sometimes I find it a bit easy.

Anything else....

图 5.4 学生给教师的反馈之三

译注：图中文字大意如下：

反馈

6 年级到目前为止，你的学习是否有所进步？有何进步？

有的。因为我更加自信了，而且我在课堂上感觉更加自在了。

你的教师如何帮助你学习？

我的老师让我展示出我的特长，尤其是在制作物品以及其他我有天赋的事情上。

你的教师可以做出哪些改变，来帮助你学习？

他们可以提高一下任务的难度，因为有时候我觉得有点简单。

还有其他意见吗？……

126

加拉希尔斯的圣彼得小学的利兹·布拉夫（Liz Brough）问学生："我做的什么事帮助过你理解？"和"我可以做什么事情帮助你更好地理解？"。她用这两个问题做了试验，如图 5.5 所示。

130

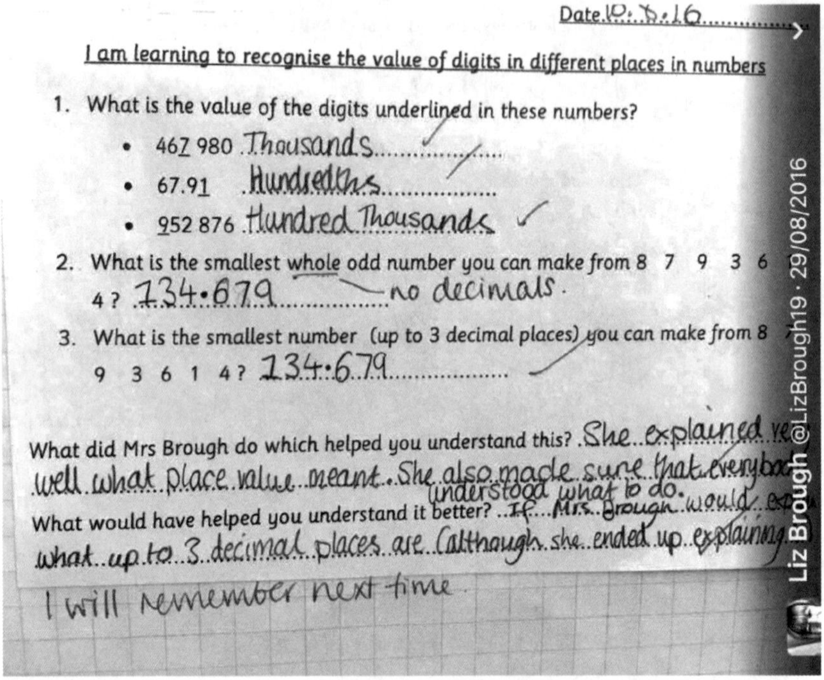

图 5.5　学生给教师的反馈之四

译注：图中文字大意如下：

日期：2016.8.10

我在学习识别数中不同位置的位值

1. 以下这些数中画线部分的位值是多少？

■　467980　千

■　67.91　　百分之一

■　952876　十万

2. 由 8、7、9、3、6、1、4 所组成的最小的奇数是多少？

134.679（教师批注：没有小数点）

3. 由 8、7、9、3、6、1、4 所组成的最小数（包括 3 位小数）是多少？

134.679

布拉夫老师做的什么事对你理解这一知识点有帮助？

她很好地解释了"位值"是什么意思。她也确保每一个人都理解了要怎么做。

什么可以帮助你更好地理解？

如果布拉夫老师可以解释三位小数是什么意思，虽然她没有解释。

（教师批注：我下次会记住。）

然后，利兹·布拉夫制作了一张表单，将可能有用的做法列出来，这样她对哪些策略最有效就有了更好的理解（见图 5.6）。学生希望教师使用更多的图表来帮助她理解。

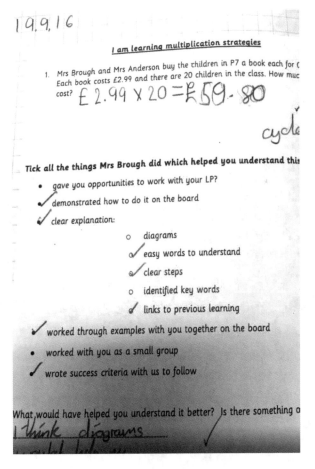

图 5.6　学生给教师的反馈之五

译注：图中文字大意如下：

我在学习乘法的技巧

1. 布拉夫老师和安德森老师为每个小孩买一本书。每本书售价为 2.99 镑，班上有 20 个小孩。一共要花费多少钱？

2.99 镑 ×20 =59.80 镑

布拉夫老师做哪些事情可以帮助你理解？请打钩。

■　给你机会与你的学习伙伴一起合作
√ ■　在黑板上示范如何做
√ ■　清晰地讲解
　　　□　用图表
　　√ □　用易于理解的词语
　　√ □　展示清晰的步骤
　　　□　找出关键词
　　√ □　与先前的学习联系起来
√ ■　和你一起在黑板上解答例题
■　和你一起在小组中合作
√ ■　写出成功标准，让我们跟着做

什么可以帮助你更好地理解？
我认为图表可以帮助我。

(130)　利兹对寻求学生反馈的反思：

　　　这对我的教学有很大的影响，它使我关注到学生的建议，并且我已经尝试认真地考虑学生的建议——我如何能够帮助他们更好地学习，将课堂教学塑造成使他们学得最好的方式。我认为，这也给学生带来了很大的影响，因为他们觉得自己对学习有更多的自主权。

利兹还让学生使用"短信"（见图 5.7）向她提问，告诉她可以做什么来帮助他们学习数学。

132

图 5.7　学生的"短信"反馈

华莱士和柯克曼（Wallace & Kirkman, 2017）认为，我们可以从班级中选出五位有不同的学业成就 / 家庭背景和态度的学生，指派他们组成"顾问委员会"，告诉他们教师需要一些反馈——他们对刚学过的主题有什么体验——这样，教师就能够改进未来课堂中的学习。华莱士和柯克曼建议教师使用以下这些问题。

- 你对这个主题的哪一部分最感兴趣？为什么？
- 你认为哪一部分最无趣？在另一个班上，我如何才能使它更有趣？
- 你对这个主题的哪一方面记忆最深刻？为什么你会这样想？
- 哪一个活动或任务对你的学习最有帮助？
- 这个主题中的哪些部分是你理解起来比较吃力的？
- 这个主题中有没有一个方面，你希望我们花更多的时间进行探讨？
- 如果你要向其他人教授这个主题，你会怎么做？

克拉克学习团队在哈福德郡的教师，从 2016 年开始试验形成性评价策略。他们也试验了"结课卡"（exit card），他们认为这种方法让学生有机会：

- 展示他们的学习；
- 总结一节课的重点；
- 将他们的学习应用于新情境中；
- 询问和解释他们对自己学习的感受。

"结课卡"的示例见图 5.8。

图 5.8 "结课卡"

译注：照片中的结课卡上，左侧是对所学知识和技能的测验，右侧是让学生自我评价"我学会了"或"我还需要辅导"，并对自己的学习给出简短评语。

教师的评论

- 我可以很快地看到学生仍然有错误概念，并且在他们离开课堂之前提供即时的反馈。
- 它可以向我提供班级所有学生的信息，而不仅是一小群学生。
- 它可以让我知道下一节课的计划是否需要调整，以及如何调整。
- 对于那些对自己的学习感到疑惑的学生，我可以立即解答他们的疑惑，或者及时增强他们的信心。

学生的评论

- 我喜欢"结课卡"，因为它能够告诉我是否对自己正在做的东西感到自信。
- 我喜欢"结课卡"，因为教师可以从中知道我是否陷入困难。
- 我喜欢"结课卡"，因为它可以告诉教师我在课堂上是否感到游刃有余。我喜欢它，也是因为它可以让我思考我的学习。

乔·鲍勒（Jo Boaler, 2016）在她的著作《数学思维模式》（*Mathematical Mindsets*）中描述了两位来自加利福尼亚州维斯塔联合学区的教师——叶卡捷琳娜·米尔维斯卡伊亚（Yekaterina Milvidskaia）和蒂娜·特贝尔曼（Tina Tebelman）。她们设计了一系列家庭作业反思问题，让教师能够从中选择一些问题来帮助他们的学生在一个更深的层次上处理和理解当天学习到的数学。这些问题也向教师提供了关于学生思维的重要反馈，因此比单纯提高特定技能的练习更为有用。每一天晚上都布置一个如下的反思问题。

1. 你今天学习的，或者我们今天在课堂上讨论过的主要的数学概念是什么？

2. 你对……还有什么疑问？如果你没有疑问，就写下一个类似的问题，然后解决它。

3. 描述你或者你的同学今天在课堂上出现过的一个错误概念。你们从这个错误中学到了什么？

4. 你或者你的小组如何解决今天的问题？你的方法成功了吗？你从中学到了什么？

5. 详述班上的其他人如何解决某个问题。他们解决问题的方法与你的方法有何相似或不同之处？

6. 今天介绍了哪些新单词或者新术语？你认为每一个新词的意思分别是什么？对于每一个词，都给出例子或者描述。

7. 今天课堂上的数学大讨论是什么？你从讨论中学到什么？

8. ……与……有哪些相似点或不同点？

9. 如果你改变……会发生什么？

10. 在这个单元中，你有哪些长处或弱点？你计划如何提高自己的弱势之处？

2. 教师给学生的课后反馈

评分

阿尔菲·科恩（Alfie Kohn, 1994）说："永远都不要在学生仍在学习的时候给他们打分"，因为打分都会释放一个信息——"任务已经完成了"。这句话简明扼要地点出了对学生作业打分这个关键问题。当教师给出一个分数时，学生在意的是他们与其他人比起来怎么样，因此他们接收到的是与自我相关的反馈，而这会损害他们的学习。与能力分组一样，评分会导致他们被分数所定义（"我是一个拿 A 的学生"）。研究表明，评分会降低学生的学业成就，尽管如本书前面所言，这个问题是过度使用评分和对评分缺乏有助于后续学习的阐释所造成的，这意味着我们仍然有空间降低使用总结性评分的频率。当评分是总结性的（即在某个主题或项目结束时）时，它能够并且确实会提供一个关于学生表现是否达到预期标准的判断。

主要的问题在于反馈有没有包含改进的建议或者"下一步做什么"的评论，以及学生有没有机会使用这种前馈信息。如果都没有，那么学习就很难得到提高。相似地，如果评语没有包括这一关键信息，它们就可能是毫无用处的。

1988 年鲁斯·巴特勒的关于 12 岁儿童的开创性实验中（如本书的第 1 章所述），四个班级被评分，四个班级收到仅包含书面评语的反馈，还有另外四个班级收到分数和评语。那些收到仅包含评语的反馈的学生在第二次测试中显著表现得更好,那些收到分数的学生在第二次测试中表现变差了。出乎意料的是,那些既收到分数也收到评语的学生表现最差。对学生的访谈发现,当教师提供的是带分数的正面评语时,学生认为教师在表现出"友善",而分数是其表现情况的真实反映。再次强调,我们的重点应该是给予有帮助的和建设性的反馈,而不是传递任务已经完成的令人困惑的信息。

评分是一种总结性的判断,因此它应该在特定的内容讲授完全结束以后再进行,让学生有机会通过学习来取得进步,避免失去信心或骄傲自满。当学习者关注的是建设性的、与任务相关的评语时,他们就能聚焦于取得进步,从而促进他们的学习。

3. 书 面 反 馈

这一节首先会分析仅包含反馈的评语——它看起来是什么样的,以及如何才能使其最有效。然后,再探讨其他策略,比如在仔细阅读学生的作业以后给予书面的或其他类型的反馈。

谨慎地使用

为每一位学生的作业写一则有价值的评语会是一个令人望而却步的任务,尝试这样做的教师都面临失控的工作负荷。让学生知道我们已经看了他们的作业似乎很重要,但我们有很多策略能够实现这样的效果,写评语是其中最耗费时间的。

正如前面的章节所强调的,最有力的反馈是教师在课堂上提供的即时反馈,无论是口头反馈,还是书面反馈。当课上设有"学习暂停"的环节时,通过随机挑选进展中的作业,让所有学生都接收到反馈,学生自己与同伴合作改进和修改他们的作业,这时候进一步提供一份书面的改进建议似乎更多是锦上添花。然而,必须强调的是,尝试为每一份作业写书面的改进建议的做法可能是浪费时间,因为这些时间本可以用来准备下一节课。一些学校和系统所推广的做法——规定每周写一则"有深度的评语",其实只有在课堂上没有检查和修改环节时才应该写改进建议,比如学生完全独立地完成了一篇作文——这种做法也不是值得推荐的。

改进现有的作品……

在过去，教师对"下一步"这个术语的用法，通常是给予学生"下一次，记得……"的建议，而这可能也是浪费时间，因为学生在以后的不同情境中很可能不会记得这些建议，尤其是对小学生而言。对于中学生，对未来作品的建议可以提供很有用的信息，尽管我们仍然认为，改进现有作品的过程能够让学生避免一蹴而就，而是反思、修改，乃至重新起稿，从而使这个过程成为一个自然的习惯。在现有的作品完成以后或者即将完成时，对它提出的改进建议（比如，"你可以描述一下你在这个句子中所提到的'混乱'吗？举一个例子。"）更可能将学习延伸到课堂之外，并且更可能被应用到今后的学习中。尤其是对于语文写作的任务，这样的建议特别重要。

关于教师写评语时需要向学生提供哪些不同层面的支持，克拉克（Clarke, 2005）给出了建议（见表5.1）。"点拨式提示"针对的是高学业成就者，他们只需稍微的点拨就能够融会贯通、解决问题；"支架式提示"针对的是那些需要一些建议的学生；而"范例式提示"针对的是那些需要示范如何改进的学生。有趣的是，教师发现"范例式提示"在大多数情况下能够促使学生造出自己的句子，而不是复制已有的例子。

137

表5.1 "缩小差距"的提示

点拨式提示	你认为这里的小狗有什么感受？
支架式提示	描述小狗脸上的表情。 你认为小狗生气了吗？你认为小狗的哪些举动表明它生气了？ 它被吓到了，以至于它…… 它……地吠叫，感到非常……，到处乱跑。
范例式提示	选择以下一种表达，或者你自己造一个句子： • 它简直无法相信自己的眼睛！ • 它绕了一圈又一圈，也找不到那只兔子，它觉得晕头转向了。

对于数学之类的学科，进步更多地意味着运用适当的策略寻找答案，或者是检查计算。对于数学和科学，如何给出有价值的书面评论，迪伦·威廉在他的著作《扎根的形成性评价》（*Embedded Formative Assessment*）（Dylan Wiliam, 2011）中提供了很多很有帮助的例子（见表5.2）。

表 5.2　数学和科学中有价值的书面评论示例

模糊	好一点	更好
对种子散播添加一些说明。	你能够说明一下种子可能会如何散播吗?	说出种子散播的好处和坏处。
提高你的画图技能。	思考一下你的图表的准确性和简洁性。	你的图表的其中一条轴比其他轴更好。它是哪一条轴?为什么它更好?
你需要清楚地知道功率、能量和力的区别。	查一下词典,看看功率、能量和力分别是什么意思,然后改正这个句子。	在 2 秒中,一台机器从地面拉升了 6 米,它的质量为 10 千克。用功率、能量和力描述所发生的事。

改进建议可以有很多形式,从添加新的单词或短语,到修改标点符号之类的东西,也包括续写或者改写等。在数学中,可能是按照建议重做一遍。

克拉克的学习团队发现的其中一种简单策略是,在学生本子上留出后续改进的空间,因为无论是教师的评语,还是同伴讨论,都会对学生做出改进的空间造成重大的影响。比如,在练习本上的左边留出空白,这既让教师有空间写评语,也让学生有空间在自己初稿的旁边做出后续修改。如果要求学生在他们的作业后面做出修改,这在大多数情况下会导致学生只付出最低程度的努力。

下面这篇习作(见图 5.9,左手边原来是留空的)展示了用于修改的区域,在教师的两条简明的建议之后,学生对这个"平衡论证"进行了拓展——改进填补了空白!

如图 5.9 所示,写得成功或者最好的部分和需要改进的部分用荧光笔(通常是用两种不同的颜色)涂出来了,这是教师或者学生用来展示成功的一个有效方式。有些学校要求学生用不同颜色的笔修改,从而让所有参与者都能够区分第一阶段和第二阶段的发展。

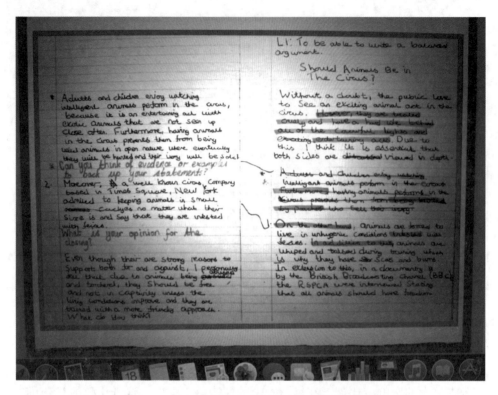

图 5.9　在初稿左侧留出空白，以便后续改进

　　重点是只有当"修改"使原来的作品真正有所提高时，"修改"才是进步，尤其是对于写作而言。让学生大声地朗读自己的作品，或者在心中默读，有助于他们看到自己的修改是否能够使习作变得更好，或者在有些情况下变得更糟糕！对于学生写作而言，另一个需要指出的重点是，盲目地对照成功标准做出修改可能会造成负面效果。克拉克（2009 年）所拍摄的视频，追踪了两位 9 岁的学生，他们通过对照墙上所展示的"什么是好作文"的清单来决定如何改进他们的习作。他们认为自己没有充分地使用比喻，因此两人都同意要想出三个比喻来改进他们的文章。但他们选择的比喻并不是很恰当，没有改进他们的文章，反而让文章看起来过于臃肿和奇怪，失去了原来的流畅性。比如，为了想出一个好的比喻去形容声音很吵，其中一位男孩最终决定用"像大叫的猫咪一样吵"（！）。这件事很好地说明了我们需要确保学生去思考写作的目的，他们想要如何影响读者，以及成功标准中的哪些元素能够实现这一目的，并且大声地朗读他们的作品，看额外添加的各种技巧和手法是改进还是削弱了原来的文章。

当然，最终让学生对"高质量文章的面貌"有一种良好感觉的，是学生自己的阅读量和对范文的课堂分析，以及能够创造一个包含强制性或选择性元素的支持性框架的成功标准。

为了备课而检查学生的本子

正如本书自始至终所强调的，无论是在学生的本子上写评语，还是进行面对面的对话，教师的工作是永不终结地查清学生已经知道什么或者目前知道什么——作为教学的结果，然后与他们一起合作，促使他们取得进步。学生在课堂上的反应，我们在他们本子上看到的作业，通过课堂导入问题获取的证据，所有这些都能够指导我们规划下一步的学习。为了最好地平衡书面评语、口头交流和单纯的检查作业，我们必须在将时间用于在本子上写评语和将其留给更有效地备课之间做比较。相对于把时间用于阅读和评论每一个学生的作业，稍微抽查一下学生的作业可能会给你的下一节课带来更大的影响。取得平衡的核心，是知道我们所做的事情的影响力，并在此基础上决定它们的价值。

面向全班的书面反馈

东米德兰的一位英语教师卡洛琳·斯伯丁（Caroline Spalding）让她的 16 岁学生选择个别反馈或全班反馈。他们投票选择了后者，于是卡洛琳向他们展示了以下这个表［见图 5.10，普通中等教育证书（General Certificate of Secondary Education，GCSE）是英国 16 岁学生参加的考试］，从而减少她用于批改所有本子的时间，并且给他们一个清晰的概览——他们做得怎么样，如何能取得进步。所有这些策略——一种平衡的方法，以及决定在每一个情境中哪一种技巧能够产生最大的影响——都是有效且可控的反馈的关键。卡洛琳解释道，运用这一策略，减少了大量 GCSE 习题评阅的工作负担。教师在校期间给予学生任何反馈以后，都会有"绿笔时间"让学生进行修改。

全班反馈——GCSE 英语文学试卷 2 "DNA"

日期：11/12/16

拼写 1	拼写 2	标点符号和语法	光荣榜

• Characters
• Cigarette（ette=*little*）
• euphemism
• extremely
• hierarchy
• playwright
	• repetition
	• sadistic
	• society
	• stereotypical
	• themselves
	• vulnerable
		• 布莱恩（Brian）
		• 不要在人物姓名或文学手法周围使用引号！
		  比如：这让你听起来像个虐待狂。
		• 在引用以后开始一个新句子。
		  比如：这意味着……
			夏洛特 / 杰克——数量
			安德鲁——从 10 年级以来一直在进步
			艾希莉·B——对意义进行探讨
			艾玛 / 艾希莉·T——学业成就
			安娜莉丝 / 劳伦——复杂的观点（《周一俱乐部！》）

哪些地方做得好	如果这样做会更好
√ 大多数学生至少写了两页 A4 纸（测试目标 1） √ 大多数学生在回答问题时清晰地阐释了一系列不同的观点（测试目标 1） √ 大多数学生进行了很好的引用（测试目标 1）——不仅是引用它们，而且做出了详细的分析（测试目标 2） √ 大多数学生记着从人物 / 生活 / 社会的角度对剧作家的思想进行评论（测试目标 3）	1. 你必须记住这是戏剧（而不是小说）——因此是观众（而不是读者）和剧作家（而不是作家）！ 2. 你需要清晰地指出剧作的背景，即这是一部现代剧，教会我们关于现代生活的事情。 3. 避免使用"引用"这个词。 4. 你需要将引用与整部剧作联系起来，很多学生只关注到他们的引文中所说的事情。 5. "象征性地"指的是所有人，即大概念。 6. 你不需要每一段都引用，如果可以的话，将你的回答中较短的引用整合起来。

图 5.10　班级反馈的例子

运用评改代号和符号

　　减轻评改负担的一种常见策略，是使用与英语学习目标相对应的符号、字母和数字，如下面这个例子（见表 5.3）由伊肯斯顿的圣约翰·休顿学院的克里斯托弗·柯蒂斯（Christopher Curtis）所发明，发布在他的博客上。这些符号被用于备课等全部工作流程中。它们可以被视为一个出发点，教师在有需要时可以添加更多的内容。

　　教师向学生解释评价中涉及的技能（使用表格），然后教授这些技能。教师在整个教学期间都不断地重温和使用这些代号，并围绕这些技能构建课堂。相较于只是指出基本错误，这些代号聚焦于所涉及的技能，并且可以更加精确地指出错误所在。运用这些目标也意味着教师能够更容易地规划后续的教学和差异化教学。教师对这些目标进行改编，以适合学校的低年级学生使用，英语部每年都对其进行讨论和做出微调。

　　由于学校的测试使用数字打分，教师用字母表示目标，用数字表示成绩，所以在批改所有书面作业或测试时，教师都用一个字母加上"/"或者用一个数字表示成绩。如果把表格印在学生的本子上，学生可以轻松地将相关的目标标注出来。

使用代号法所带来的影响是学生的考试成绩获得了提高。与其他学科（没有使用目标和代号的）相比，从进步的层次来看，英语是这所学校表现最好的学科之一。

表5.3 英语学科评改代号示例

游记写作（11—14岁）

在游记写作的主题教学开始时，教师向11—14岁的学生展示了如下目标。教师将它们作为课堂的学习意图，并在教学、起稿和修改过程中反复强调它们。

	技能
1	详细地描述环境，营造一种特别的氛围或效果
2	在写作中用事实去发展细节
3	用意见去影响读者
4	用夸张去营造特定的效果——震惊、幽默
5	选择词语去营造一种特定的氛围
6	选择一些隐晦的词语去描述事物
7	通过拓展名词短语来优化描述
8	运用不同的标点符号来制造效果
9	运用标点符号来帮助制造特定的效果
10	在你的写作中运用不同的语调，以引起读者的兴趣
11	运用不同的结构和句式
12	运用形象的语言（明喻、暗喻和拟人）来制造效果
13	以一种有创造力的、想象丰富的和有效的方式架构和呈现文字
14	在全文中形成一种连贯一致的写作风格
15	在整个文本中建立内在联系，比如用一个前后呼应的主题或玩笑

写作（16岁）

A	写清晰的句子
B	用逗号隔开一个句子的不同部分，或用于并列成分之间
C	准确地使用标点符号（？！'）
D	确保常用的词语拼写正确
E	使用连接词将句子联系起来
F	通过分段落来分开不同的中心思想
G	让你的写作适合特定的受众——正式／非正式
H	让你的写作合理，让它看起来是文章的样子

续表

I	使用不同的句子开头 / 长度来制造效果
J	运用不同的标点符号来制造效果
K	通过不同的段落长度来制造效果
L	确保你的文章有有效的结构——衔接 / 开头 / 结尾
M	通过使用反论证，在不同的段落表达不同的观点
N	建立文本中的内部联系
O	在你的文章中使用不同的语气
P	在你的文章中形成前后一贯的风格
Q	在你的文章中使用不同来源的知识
R	使用幽默（讽刺、反语或者戏仿）

阅读（16 岁）

A	引用适当的文本来支持你的观点
B	使用引号来表示你进行了引用
C	使用特定的语言术语——明喻、暗喻、头韵
D	使用语法术语——动词、名词、副词、形容词
E	仔细分析特定的单词或短语
F	使用正确的词语去形容文中所使用的技巧或词语
G	解释读者可能有的感受
H	解释作者为什么选择某种技巧或某个词语
I	解释这一词语或技巧与整段文摘的关系
J	采用"技巧与效果"的句子结构进行分析
K	使用更多分析点——词、短语、技巧和句型
L	将产生相似效果或视觉规律的技巧联系起来
M	在回答中使用大量的短引用
N	使用高级的术语——被动、句子、谐音、拟人化谬误（pathetic fallacy）
O	解释为什么可能有不止一种情感或效果
P	评论作者如何使用句子对读者产生影响

对于所有学生，但主要是 11—14 岁的学生，学校使用如图 5.11 和图 5.12 所示的带有具体例子的成功标准表单。教师将这些表单发给学生，学生可以选择使用它们。

提高你的写作：句子　　　　姓名：

为了促进你的学习，你需要：

■ 使用不同的句子开头。

■ 使用不同长度的句子。

■ 使用不同的句子结构。

改写你文章中的一个段落，并尝试改进其中的句子。

■ 确保它们以不同的单词开头。

■ 使用问句或祈使句。

■ 使用一个短句（长度为 1—4 个单词）。

■ 尝试以一个动词（比如，"奔跑"）或一个副词（比如，"慢慢地"）或一个抽象
名词（比如，"恐惧"）或一个介词（比如，"在……之下"）开头，写一些句子。

■ 或者尝试使用以下这些句子结构：

_____

_____

_____

图 5.11　成功标准表单示例：句子

提高你的写作：标点符号　　　　姓名：

为了促进你的学习，你需要：

■ 正确地使用所有标点符号。

■ 把各种标点符号都至少使用一遍。

■ 准确地使用某些复杂的标点符号（：；–）。

改写你文章中的一个段落，尝试改进标点符号的使用。

■ 再读一遍这个段落，检查有没有漏掉句号。

■ 检查有没有正确使用逗号。分句是否可以单独作为一个句子？我们有时候将两个
句子用逗号连接起来，但使用句号会更好。

图 5.12　成功标准表单示例：标点符号

> - 在你的文章中加一个括号、一个问号或者一个感叹号。你不需要把它们都用上。
> - 找到两个联系紧密的句子，用分号将它们连接起来，而不是使用句号。
> - 冒号用来引出一个新事物。比如，"这是我一直都很讨厌的一天：星期一"。尝试在你的文章中使用一个冒号。

图 5.12　成功标准表单示例：标点符号（续）

类似的成功标准表单还包括"段落""有趣的内容""呈现""使用观点、证据和解释""证据和深层含义"。对于英语科备课和批改习作的原理，克里斯托弗在一篇解释性的博客中写道：

> 我总是在看练习本。我作为英语科组长来检查练习本，不是因为我想抓住一些人，然后责骂他们没有写评语，而是因为我想知道在他们的课堂上学习是什么样的。他们是如何塑造学习的？随着时间推移，学生如何得到发展？教师在教授某个主题时都做了什么？他们如何支持学生？我认为，坦诚地说，我不会像其他人那样看待这些事：努力地寻找有没有取得进步的证据。我看的是：
>
> （1）学习有没有发生？
>
> （2）学生做了哪些事情让学习发生？
>
> （3）教师的评改如何引导学生提高？
>
> 那么，在英语科组的目标设定上，我做了哪些事情呢？我拓展了目标的"库存"。我给了他们更多目标。我给了他们与目标相关的主题。我给了他们阅读和写作的目标。我甚至为每一个技能都编了一个字母或数字，让教师们更容易使用。教师会给学生一个数字，让他们把相应的技能抄写到本子上。我们今年分享了这些技能表单，下一年会在此基础上进一步发展它们。
>
> 我们让学生对这些技能有清晰的理解。在一个主题开始时，他们就知道这些目标。事实上，我们围绕这些为学生设定的目标规划教学。因此，学生能够看到各种活动如何与总体任务相关。在整个主题的教学中，他们围绕这些目标进行自我评价。

（Curtis, 2016）

这不仅让教师从评改学生习作的繁重负担中解放出来，而且提供了适当的学习目标来引导他们的教学。具体的成功标准是帮助学生知道如何改进的关键。给出例子，意思会更加清晰。

为了避免在学生的数学本子上写千篇一律的东西，同时减轻评改的工作负担，另一种方法是为所发现的常见错误创造一个符号系统（见图5.13），教师只需在学生的本子上写上这些符号，然后在下一节课开始前，将符号及其解释书写或投影在电子白板上。学生将这些书面解释抄写在他们的本子上，然后按照这些建议进行改正。

图 5.13　数学作业评改符号示例

鉴于中学教师在一天里需要面对的学生数量，这似乎是给予有助于学生改进的个性化书面反馈的绝佳策略，但又不至于变成如迪伦·威廉（Wiliam & Leahy, 2015）所说的"给予者的工作远多于接收者"。书面反馈不应该比学生的作业还长。

斯蒂夫尼奇的阿蒙德山学校的海伦·乔诺（Helen Joannou）与她的班级一起为数学学习创造了一个可控的评改系统。基于每个学生如何解决任务，她为他们的下一个任务指派了一个代号，E代表拓展（enrichment），R代表强化（reinforcement），M代表错误概念（misconception）。学生坐在他们的随机交谈伙伴（每周改变一次）旁边，所以没有任何形式的能力分组，学生有机会互相学习，从不同的复杂水平来看待数学主题。这种区别并不是固定的，而是与不同的"学习区域"（恐慌区、学习区和舒适区）联系起来的。一个例子如图5.14所示，后面是学生对这个系统的评论（见图5.15）。

在理想状态下，教师会每天都与学生开展一对一讨论，但在实际中，必须在多种类型的反馈之间实现平衡，包括详细的书面反馈、符号或简短的书面反馈、基于观察学生表现的全班反馈、结构化的同伴反馈，以及在有条件的情况下的一对一讨论。

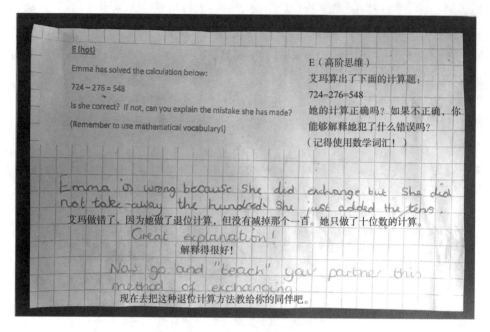

图 5.14　个别化后续任务的应用

4. 给予学生父母和其他学校合作者的反馈，及来自他们的反馈

什么最重要

哈蒂和佩迪（Hattie & Peddie, 2003）分析了 150 多所学校向学生父母寄送的报告。他们发现，这些学校中大部分学生的学业成就都高于平均水平，有意识地努力学习，并且教师乐于教授他们。这就难怪父母会要求学校进行更多"测试"，施行问责制，以及提供"得到教师证实"的信息。我们能够给予父母的最重要的反馈是，提高他们对如何能够最好地帮助孩子在家学习的意识。那是父母需要"学习"的东西。

洪和何（Hong & Ho, 2005）发现，父母期望是对儿童的学业成就影响最大的因素（$d=0.80$），当父母监督采取的形式是监督学生完成家庭作业、控制学生

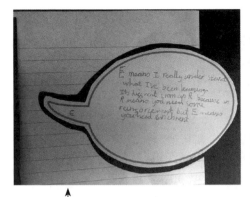

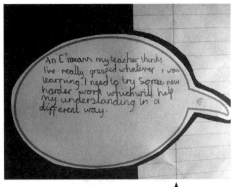

E 代表我真正地理解了
我在学习的东西。它不
同于 R，因为 R 意味着
你需要一些强化练习，
但 E 意味着你需要拓展
延伸。

E 代表我的老师认为我已
经理解了我学习的东西。
我需要尝试一些难度更大
的新任务，它们会有助于
我以一种不同的方式去理
解这些知识。

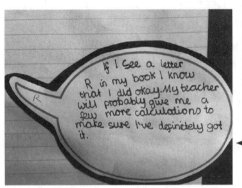

如果我看到我的本子
上有一个 R，我就知
道我做得还行。我的
老师可能会再给我一
些计算题，以确保我
真正掌握了它们。

图 5.15 学生评论

使用电子产品或与朋友外出的时间时，这似乎会对青少年学生的教育期望产生负面影响（另见 Clinton & Hattie, 2013）。外部奖励、对不理想成绩的负面控制和限制，同样会产生消极影响。

为了推广这些研究发现，学校需要与学生父母和其他监护人建立合作伙伴关系，使他们的期望清晰且有适当的挑战性。

> 父母应该学会学校教育的语言，这样，家庭和学校就能够分享同样的期望，儿童就不需要生活在两个不同的世界中，而且对这两个世界的联系知之甚少。
>
> （Hattie, 2009）

教师能够通过让他们的学生分享学习意图和成功标准，告知父母当前的学习重点是什么。同样，也有很多很好的应用可以让教师在一天中的某个时间停下来，让学生在这些应用上对自己的学习进行评论——这些评论可以被推送到父母那里，让学习成为家庭讨论的焦点。与其问"你今天在学校过得怎么样？"，不如使讨论变为"告诉我你今天学到了什么、发现了什么或者获得了哪些有用的反馈"。

本书不是一本研究家庭作业的著作，但也要指出：只要家庭作业存在，我们就应该确保它能够让学生有机会练习在学校中已经教授过的东西，否则那些父母没有能力或不愿意帮助他们的学生就受到了惩罚。当然，在一些情况下，学生可能会不理解与家庭作业相关的课堂内容，这也会导致类似的问题。家庭作业是在家完成的学校作业，教师需要对其给予反馈，传递清晰的信息，同时表明家庭作业是学校学习的一部分。

向学生父母传递的视频反馈

尽管使用视频需要耗费大量时间，但在有些情况下，视频所能传递的信息远比我们的口头或书面言语多。艾莉森·皮科克在她的著作《无限制学习评估》中引用了朴次茅斯的梅瑞狄斯学校的一位教师莎朗·佩克汉姆（Sharon Peckham）的话。这位教师使用视频向一位家长反馈她的 5 岁女儿的英语学习情况。

> 列娃刚来到班上时，完全不懂英语，但在第一学期结束时，她能够与朋友用英语交谈了。到了春季，她已经说得非常流利了。列娃的父亲并不太懂英语，他在家长开放夜问列娃是否开心。他认为列娃的英语太差，所以他很担心她会交不到朋友。莎朗向列娃的父亲播放了列娃与朋友对话的录像。当列娃父亲看到自己的女儿谈天说地时，他坐在那里，眼里泛起了泪花，爱和骄傲洋溢在他的脸上。莎朗意识到这段视频让列娃父亲对女儿和她的成就有了更深的理解。列娃父亲透露，列娃在家从不说英语，所以这是他第一次听到她说英文。在那之后，这段视频又被分享给生活在国外的列娃的祖父母。

（Peacock, 2016）

尽管上述的视频表明了列娃的成就，但它所能做到的远不止这些。她父亲现在有了更深的理解，相信她与她的朋友和老师在一起时会有不同的行为表现。这段视频很可能会对从今往后家里发生的所有事情都造成影响，因为父亲现在很放心女儿，并且对她的能力产生了新的尊重。

学生主导的学习检查会

艾莉森·皮科克因为在波特斯巴的罗克瑟姆学校建立了学习检查会制度而著名。学习检查会完全由 10—11 岁的学生主导，从网上可以找到一些案例。以下是如何开展学习检查会的一个概要，摘录自艾莉森的著作。

罗克瑟姆学校的学习检查会一年举办两次。这些学习检查会在学校领导的办公室举行，每场 15 分钟。每位学生呈现一组幻灯片来展示他们对课程学习期间遇到的挑战和成功的自我评估的看法。在学习检查会前一周的课堂上，每一位学生都会独立地准备这次展示，并且将这次展示作为学生、教师、父母和学校领导者之间的对话框架。在检查会上，学生展示结束后，接下来的环节是讨论如何支持学生下一步的学习，以实现更大的进步。学生或教师可能会谈及本子上的作业以说明讨论的重点，从而让父母对他们能够以何种方式支持学生的学习有更细致的理解。

作为学校领导者，我会参与所有这些检查会。……我会深入地了解学生的自我检查、他们作业的质量、他们与教师之间的关系，以及他们的家庭能够提供什么样的支持。这为所有参与方都提供了一个严谨的形成性评价框架。学习检查会的关键信息和重点在于，学生自身是最重要的参与者。

其他一些学校也采取了这种做法。布里斯托的格林菲尔德学院的凯特·理查德森（Kate Richardson）决定尝试推行学习检查会。当她第一次来到学校时，她让学生谈论他们的学习，却发现学生无法回答。到了夏季学期，学校取消了能力分组，学生也能够谈论他们如何才能学得最好了。

斯科勒学校的校长马克·科莱尔也试验了我们这种形式的学习检查会。学生向他们父母呈现的演示文稿让他感到"惊讶和印象深刻"。在检查会期间，他在本子上记下所有一致同意采取的行动，而且，通过"退居二线"，他可以看到学生能够在多大程度上扮演领导者和专家的角色。在有些情况下，他发现学生充满自信的自我反思，远远超出了他对学生可能会说什么的先入之见。

149

> 举办学习检查会通常分别需要秋季和春季学期的两个全天和两个晚上时间，另外可能还需要为那些错过这段时间的人举行额外的检查会。如果学校领导者能够持续地贯彻这一做法，他们就能够精确地了解每一位学生的长处和学习需求，同时以一种赋能的方式支持高质量的教学和专业学习。
>
> （Peacock, 2016）

回想通常用于记录学生学业成就的"证据"或者学习需求，以确保学生不会成为"漏网之鱼"的时间，似乎有时候我们会抓不住重点。相比之下，上述这些有深刻意义的检查会能够更有效地让各方都参与到学生的学习中，全身心投入并且充分意识到学习需求。没有人比学生自身更能促成这件事。

在决定开展学生主导的反馈环节之前，一个关键考虑是要确保这在每一个班级和学校文化中都是一种常规，并且有清晰的期望。否则，学生与父母在这种一次性的活动中可能需要投入太多练习和准备时间，使它变成了教师和学生等人的负担。学生理解自己的学习，了解他们离每一个任务的成功标准有多远，乐于寻求关于如何改进和下一步目标的反馈，这些都应该成为一种常规实践。这是成功学习者的缩影，因为在这些时候，他们变成了自己的教师。

给学生父母的书面报告

大部分教师都很熟悉给学生父母的书面报告的格式——从某种标准出发的一些描述，无论是学校标准、学区标准，还是国家标准。正如我们上面所指出的，"学生表现很好，愿意付出努力，教师乐于教授这样的学生"云云。这样的谎言可能是"善意"的，可以带来良好的公共关系，但这样的结果很难成为把大量时间用于写书面评语的理由。更有甚者，传统做法通常是教师写报告，寄送给学生父母，而学生没有任何投入。如果我们真的希望学生能够参与到自己的学习中，那么让他们真正参与从课堂学习到成绩报告的每一个阶段，似乎是很重要的。在富勒姆的兰福德学校，学生会校阅自己的年终报告，并在特定的一个空格里写上自己的评论。如果他们对教师的评语感到不快，或者想要质疑教师，他们有机会把这些评论也加入报告中。这无疑会让学生对他们的报告和学习有更大的自主权。图5.16是一位小学生的年终报告的例子。

150

学生评论：

我喜欢阅读自己的报告，评语使我感到高兴。
在 2 队，我尤其喜欢历史，并且能够记住很多有趣的史实！
我在 3 队会调整自己的时间表。我很期待见到亚尔老师。

阿卜杜拉

校长评语：非常好的报告！你应该对自己的成绩感到自豪。做得好！

签名：吉本斯

校长　　　　　　　　　　班级教师：皮克斯老师

 适合每一个孩子

图 5.16　学校报告上的学生评论

寻找机会让学生父母提供反馈

151

大多数学校利用家长问卷来收集家长对学校和他们孩子的进步状况的满意度。在家长开放夜解释学校政策是一种常规实践。在很多学校，家长和教师用电子邮件交流也是很常见的。

中洛锡安的霍桑登学校决定在校历上安排"午后开放日"来举行他们所说的"PATPAL"（学生作为教师/父母作为学习者）活动，因此提供了一种可能较为非正式的方式，让父母不仅能够看到他们的孩子在学什么，还能看到他们学得怎么样。

莫林学校的领导者特蕾西·琼斯（Tracy Jones）引入了"学习者主持会"（learner led conference），以替代家长开放夜，因为家长们似乎对学生的行为和顺从情况的兴趣大于对学习的兴趣。在"学习者主持会"上，学生展现他们的学习，谈论他们的进度、他们如何取得进步和下一步是什么。这对父母与教师关于学习的对话产生了积极的影响。

很多学校引入了涂鸦板来提供反馈和前馈，鼓励儿童带领他们的父母在涂鸦板上写一些东西。父母要求增加体育运动（所以学校雇用了一位体育实习教师）和改进家校沟通。

学校最近的"学习者主持会"特别关注作业。有趣的是，年幼儿童的父母喜欢项目作业，而且愿意参与其中，但随着儿童的年纪变大，父母的热情也在消减。结果是，教师们审视了他们的作业政策——只有在一年级（5—6岁）以后才聚焦于技能。父母评论见图5.17和图5.18。

弗莱克斯梅尔的学校

155

弗莱克斯梅尔位处新西兰社会经济状况最糟糕的区域。这里的学校发起了很多倡议来促进家校合作。其中一种措施是给当地的家庭配置计算机，然后聘请退休教师向学生父母展示如何使用计算机来帮助他们的孩子学习。（最初未料到的）结果是这些父母学会了信任教师，懂得了教师的语言——这让更多的父母有自信迈入学校，与教师进行交流互动（Clinton & Hattie, 2013）。我们有很多方式鼓励父母来到学校聆听教师的反馈。对于教师而言，他们能够更加确信和正确地解读他们所听到的关于学生的信息，并在此基础上与家庭展开合作。

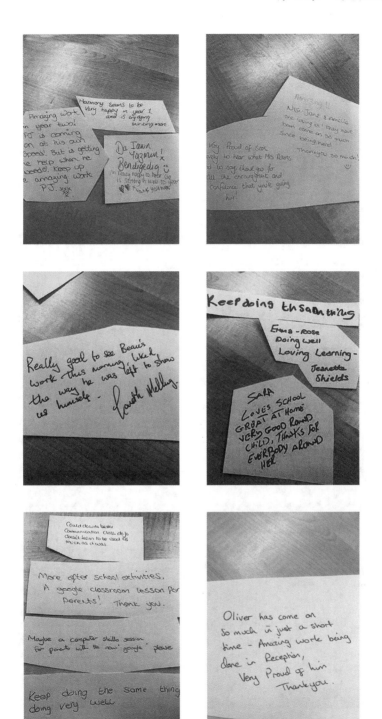

图 5.17　关注作业的涂鸦板

154

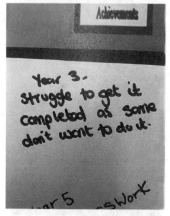

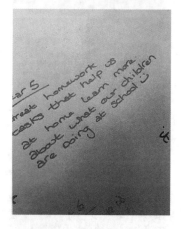

图 5.18　父母评论板

结论

155

贯穿最后两章的两个主题是：证据表明，对于学习而言，（高质量的）课堂反馈比（低质量的）课后反馈更加有效；如果课后反馈存在的话，那么它不应该仅仅是出于问责，而是应该以最优的状态呈现——结果必须是能够促进学生的进步，并且工作量必须在教师所能承担的范围内。我们希望看到教师将时间用于反思和计划，不想看到他们陷入过重的工作负担，通常只是为了评分和遵从规定而在学生的本子上写上毫无意义的评语。记住，评改并不一定含有反馈。

5. 反馈政策的例子以及学校领导者的相关思考

"令人分心的政治"

任何国家的督导制度或者对学校结果的公开比较，都存在一个最大的劣势，即它会鼓励学校采取一些做法，这些做法在没有这些制度的情况下可能会被认为是无益于学生学习的。比如，一个督导组可能会要求查看学生本子上的评语。这导致教师必须在学生的本子上留下浓重的批改痕迹，写上大段评语。这增加了教师的工作负荷，阻碍他们将精力投入基于当天课堂上收到的反馈规划下一步的教学。学生成为这种政策的牺牲品。

这种由学校的高利害关系引发的专业恐惧，将不可避免地导致"为考试而教"，而且教师为了证明尽职尽责，也会出现工作负荷失控，陷入持续的挣扎。英国国家数学教学卓越中心（UK National Centre for Excellence in the Teaching of Mathematics）的主管，查理·斯特里普（Charlie Stripp）说："评语不应该是提

157

供你如何完成你的工作的证据。如果那是你这样做的原因，那么你就没有完成你的工作。"

我们这本书的目的是让教师和学校掌握一系列证据，并在此基础上发展一套经过反复试验和验证的有力反馈策略库。当我们对这些事情都有清晰的认知，并且所有教职工都同等清楚，能够使用证据作为他们采取某种行动的理由时，自信就能够建立起来——然后，他们就能够看到自己对学生的学习生活的影响。

以下是三个创新的反馈政策和各所学校领导者的评论。富勒姆的兰福德学校通常使用一页纸的反馈政策（见图 5.19），其中包含那些重要的事情 ["什么是好的"——这是他们用于描述成功标准的术语]。这三所学校都非常强调"即时反馈"，关注目标和影响，是学生成绩优异、教师工作状态良好的学校。

156

兰福德学校的反馈

萨顿信托教育捐助基金会工具包（Sutton Trust EEF toolkit）将反馈视为教师所拥有的最有力的工具之一，研究显示反馈能够让儿童额外获得 8 个月的学习进展。

清晰地向学习者展示"*优秀*"的案例是什么样子的；在展示后把案例留给学生，并在提供反馈时引用这些案例。	在有必要时应该运用合作性改进（*co-operative improvement*）。两个学生同时看一个作业本。本子的主人要一直拿着紫色笔（做修改），但也可以对反馈表达异议。	在有必要时运用"*投影暂停*"（*visualiser stops*），并随机选取学生的作品来讨论"什么是好的"。
*即时*反馈被认为是最有效的。对作业的口头反馈表明有关学习的对话已经发生了。		处于关键阶段 2（3—6 年级）的学生可以用紫色笔在一节课结束时向他们的教师寻求反馈。
用粉红色笔标出已经实现的*封闭性学习意图*。不需要全部标出，也不需要更正由于粗心犯下的错误。	 有效反馈	*封闭性学习意图*的"什么是好的"应该以"记住……"开头。
给没有实现的*封闭性学习意图*留出空白，用绿色笔写反馈（是非常重要的反馈！），并在实现后用粉红色笔标出来。	对于*开放性学习意图*，做得很好的用粉红色笔标出来，有待改进的用绿色笔标出来。	*开放性学习意图*的"什么是好的"应该以"从……中选择"开头。
	给学生*留出时间*对反馈予以回应。	

教师：如果一件事不会带来改变……，那就不要去做！

图 5.19　兰福德学校的反馈政策

157　　学校领导者西姆斯·吉本斯对他们的政策做出了解释：

　　我相信学生的全部学习都得到认可是一件很重要的事情。我们用学习意图向兰福德学校的学生提供反馈。如果学习意图是封闭性的，并且学生实现了它，我们会用粉红色笔将它标出来。这样做可以让学生知道他们已经获得成功。

　　如果学习意图是封闭性的，但学生没有实现，教师只会提供一条他们认为能够影响学生学习的反馈评论。如果学生正确地解决了问题，我们会用粉红色笔将学习意图标记出来。这里就运用了专业判断。如果教师觉得书面反馈不会带来影响，那么教师就留下空白，要么通过口头交流，要么通过班级教学来提供反馈。

如果学习意图或学习任务是开放性的，教师会提供关于成功和如何改进的反馈。

我们的一个核心信念是，当学生主动寻求反馈时，反馈是最有效的。因此，我们让学生有机会从教师那里寻求反馈。教师在课堂上会问学生想给予老师什么反馈，但也会用一些时间让学生反思学习和向教师寻求反馈。这种做法被证明极为有效，因为我们几乎总是可以看到学生能够将他们寻求的反馈有效地运用于写作终稿。

下面这个例子体现了英语的开放性学习意图、寻求反馈和根据反馈采取行动。

一位学生写道："我可以在结论中加入更多的东西吗？"教师的书面回复是："解释鼓声为什么会激发你，以及如何激发你，因为这并不清楚。"
学生继续写他的结论……

　　　　如果比赛持续数天时间，一直聆听鼓声会激发你，因为节拍和旋律可以让你一直奋战下去。

学生终稿的摘录：

（10）从此以后，来自失败一方的某个人必须做出牺牲。他很可能是队长。现在你知道了这个令人振奋的比赛，你可以让你自己和你的朋友从无聊中解脱出来。另外，我也建议，如果你没有护膝，不要参与这个比赛。如果比赛持续数天时间，一直聆听鼓声会激发你，因为节拍和旋律可以让你一直奋战下去。

（奥玛·M.）

以下是克罗马什吉福德学校的领导者，弗洛拉·巴顿（Flora Barton）在她的博客"睿智领导……一位校长的反思"上所写的东西。她不仅在反馈政策中强调即时反馈，而且鼓励一种健康的工作与生活的平衡，这是让教职员保持精力和获得一种真正被重视的感受的关键要素。

一位校长的反思

我们要思考的一件关键事情是："我们正在做的事的目的是什么？"事实上，我们不断地用这个问题充分评估我们所做的事情、为什么我们要做这些事情，以及这些事情带来的真正影响是什么。这意味着我们经常地改变"现状"，因为我们想为我们的学生和我们的学校做最好的事情。任何政策变动的关键都是思考我们所做的事情能够给教师的工作负担带来什么样的影响。

我希望教职工每周两次在 4:15 之前下班，原因是作为一所学校，我们在执行一些旨在减轻工作负担的特定程序和政策。我确实期望教职工能够保持他们的生活状态，有机会享受校外的生活，这使我们能够更有效地履行职责。我会腾出一些课，让教师有时间了解每一位儿童；我为那些批改国家考试试卷的教师协调好工作；我让每一位教师都有一天的时间去写他们的报告；我甚至让他们在夏天有"偷闲假日"，让他们随意使用。

课堂中的反馈只是帮助缓解教师工作负担的一个重大方面。事实上，我们学校一位资历较深的教师现在才迎来了不需要把本子带回家批改的第二个完整的学年——但她对学生进步的影响却是现象级的。我曾经一个星期都坐在那里，访谈那个班级的每一位学生，让他们向我"证明"他们的学习。他们谈论了每一个本子，解释了反馈和他们的下一步任务，以及他们如何将这些反馈运用到他们的学习中。现在整个学校涌现了很多学生成绩大幅提高的例子。

但采取所有这些举措时都必须注意：你不能赶一时的风潮，希望它能够在你的学校里奏效，除非条件适宜。我们迎来了使用言语和即时反馈的第二年，我们用了这么长时间才让所有教师都开始将它们根植于日常实践中。变革需要时间。质疑"现状"是核心，所以我们对全校之前所做的一切事情展开了研究。我们检验了课堂上的事情，与孩子们交谈，确定哪些措施有效和哪些措施无效。这是关键——在质疑各种措施的目的的同时，寻找那些能带来最大影响的措施。

教师是让我们的学校变得令人惊叹的原因——我们必须竭尽所能地支持他们，使他们能够每一天都带着激情、能量和热忱来到学校，让学习真切地发生在教室中的每一位儿童身上。如果你是一位学校领导者，我会认真地思考你采取了哪些措施来支持你的团队。询问他们哪些事情能带来帮助，看看你能够提供哪些可行的帮助。照顾好你的员工意味着照顾好你的每一位学生——这有助于改变你们学校的文化。

反馈政策：克罗马什吉福德学校

主要的信息似乎是学生——无论他们处于哪一个学业成就水平——都喜欢教师提供更多展望未来的反馈，这些反馈应该与课堂上的成功相关，并且应该是"及时的"、"个性化的"、"与任务相关的"（而非与自我相关的）。

仅仅告诉学生他们在哪里出错了是不够的——我们必须解释错误概念，并提供未来的改进建议。

我犯的一个错误是将反馈视为教师向学生提供的东西。我发现，当反馈从学生传递给教师时，它是最有力的：学生知道什么，他们理解什么，他们在哪里犯错了，他们什么时候产生了错误概念，他们什么时候分心了——那么教与学就能够同步起来和变得有力。向教师传递的反馈可以让学习可见。

（Hattie, 2012）

反馈的目的

为了建立这种政策，教职员需要思考以下因素。

- 为什么要对作业进行评改？
- 这是为了谁？
- 儿童能够获取向他们提供的反馈吗？
- 它如何促进学习？
- 它有效吗？
- 儿童做出了适当的回应吗？
- 评改是有必要的吗？

反馈的关键

正如萨德勒（Sadler, 1989）所说，儿童必须清楚他们现在在哪些方面做得好，他们想要达到什么目标。更关键的是，他们如何缩小两者之间的差距（Black & Wiliam, 1998b）。

我们细致地审视学校中的反馈，显然，教师会评改作业，原因是他们感觉这是学校督导员、家长或学校高层领导所期望的。但情况并不是这样的。我们从研究和经验中知道，评改会消耗教师课外的大部分时间，因此在制定政策时，我们把对工作负荷的考虑放在优先地位。在思考反馈和评改时，如果它们对学生自身或者教师没有帮助，那么我们就没有理由这样做——我们会质疑它们的目的。

为什么反馈在我们学校这么重要？

- 向儿童提供有意义的反馈。
- 正确地提供反馈，能够使学习潜力最大化。
- 儿童处于学习的中心。
- 帮助学生学习如何尽他们所能地成为最好的学习者。
- 通过突显可以获得发展的区域来引导学习规划，让儿童做出清晰的改进。
- 反馈是未来课堂规划的核心，可以指导对学习进展的评估。
- 促进和改善学习者、教师和助教之间的沟通。

课堂中的反馈应该是什么样的？

- 对话——每个人都谈论他们的学习和下一步的改进。
- 持续地评估和调整学习。
- 持续观察儿童。
- 儿童清楚地知道他们现在在哪里、需要实现什么目标，以及最重要的是如何缩小两者之间的差距。
- 儿童作为积极的学习者。
- 学生和成人之间互相提问。
- 课堂中与个体、小组和整个班级开展常规学习对话。

- 儿童理解高质量的学习是什么样的。
- 持续地示范和辅导自我评价与同伴评价。

反馈的方法

口头反馈结合书面反馈

通过观察、班级讨论和学生访谈，我们可以确定口头反馈是最有效的反馈形式，它可以帮助儿童理解他们在哪些地方获得了成功，以及他们在哪些地方必须做出改进。

反馈的质量是关键：高阶的提问、示范和例证不应该留到作业或作品完成时才使用。确实，在学生做作业或作品的中途提供反馈，能够让学生立即试验、拓展和实施新想法。

> 学生发现教师的反馈令人困惑、不合理和无法理解。更甚的是，学生通常认为他们已经理解了教师的反馈，但其实他们并没有，而且即使他们确实理解了，也很难将这些反馈应用在他们的学习中。
>
> （Goldstein, 2006; Nuthall, 2007；转引自 Hattie, 2012）

口头反馈

如果教师提供了即兴的反馈，我们就不需要教师把口头反馈写在本子上。但学生应该能够清楚地表达他们如何才能改进学习，或者将反馈运用在另一个情境中。

书面评语

应该谨慎地使用书面评语。我们已经讨论过在评语中使用表扬，确保只有当努力带来成绩时，我们才表扬努力。在使用书面反馈时，其用词应该与学生的成就水平相符，确保学生能够完全理解反馈的意思。课堂规划必须考虑儿童阅读和回应评语的时间——如果学生没有阅读评语，那么这些评语就毫无意义，除非写它们的目的是让另外一些成年人看到，让他们觉得很有用。注意：在提供口头反馈和解释以后再给出书面评语，可以增进其益处。

儿童主导的反馈

以下由儿童主导的反馈形式是至关重要的。然而，在每个班级都必须清晰地教授、审视这些类型的反馈，使其成为学习过程中不可或缺的一部分。

自我评改

在课堂上完成自我评改，可以在目标和过程仍然高度相关时向学生提供及时的反馈，让他们改正作业、检查方法、寻求建议或支持，做出改进。我们鼓励日常数学课上的自我评改，让教师有时间运用这一反馈去有效地规划后续的课。

评改自己的作业让学生有时间反思自己实现个人目标的进度，这有助于他们掌控自己的学习。为了有效地进行自我评价，学生必须对照成功标准来检查自己的作业。这也让他们有机会从必备的学习品质的角度来反思他们的学习和思维。

同伴反馈

让学生有机会对不同的受众写作，仔细地思考他们的目标，发展实现个人目标所需的学习语言，审视他人的作品，接触到符合更高标准的作品的范例。

> 学生及其同伴将给予和接收反馈看作一种可能让他们得到发展的经验，因为它让他们找到了自己的学习特点，合作发现错误，发展自我管理的能力，包括监控自己的错误和采取他们自己的更正措施或策略。一个重要的信息是，想要发挥同伴反馈的积极价值，教师需要提供刻意的教学支持［比如使用甘（Gan）的模式］，运用三个反馈层次及其相应的提示。
>
> （Hattie, 2012）

紫色笔

学生通过在适当的地方改进自己的作品来回应所有类型的反馈，并用紫色笔标示出来。教师也鼓励他们使用紫色笔来修改他们的作品，从而突显其中过程的重要性。

持续的研究

我们将继续试验提高反馈有效性的各种方式。尤其是探索、分析和发展各种方法，在每一个课堂上提供尽可能多的机会运用不同类型的即时反馈，确保它能够被纳入每周计划，作为教与学的不可或缺的部分。

聚焦于口头反馈和形成性评价：一所学校的解决方案

绍索尔的三桥小学是一所获奖学校，学校领导者杰瑞米·哈内（Jeremy Hannay）的一篇文章被收录在一份顶尖的教师参考资料《小学教学》（*Teach Primary*）中，并被广泛阅读。他在那篇文章中描述了他的学校如何"一笔勾销"以千篇一律的、旨在问责的书面评语作为反馈的做法，转向一种更有效的方式。这里引述了这篇文章，因为它会引起世界各地很多学校的共鸣，并且可能会激发一种信心，让这些学校与无效的反馈方法"决裂"——这些方法更多关注问责，而非聚焦于学生的学习。引文的后面，是这所学校的反馈政策。

反馈迷思

从加拿大安大略省回来，我立即被英国这里超负荷的评改量所震惊了。当我询问为什么每一个人都要花这么多时间在本子上写评论时，我收到了很多不同的答案："那是这里的政策"，"不然他们怎么会知道哪里需要修改或者如何改进？"，"我们需要在本子上留下证据"，"那就是我们的工作"，"我也不知道"。有些时候，我也会听到像"研究说这是最好的做法"之类的答案。当人们提及"研究"时，他们通常指的是以下两份文献之一：萨顿信托（Sutton Trust）选编的《教与学工具包》（*the Teaching and Learning Toolkit*），以及约翰·哈蒂的《可见的学习》（*Visible Learning*），它们都将反馈列为对学生学业成就影响最大的五个因素之一。然而，这两份文献都没有暗示书面反馈很重要。实际上，这两份文献都特别地关注其他一些反馈形式（学生对教师的反馈，或者元认知策略，比如"为学习而评价"）。

改弦易辙

在我的学校，我们大幅度地降低了对教师所提供的书面反馈量的期望。然而，总体的反馈却在快速增多（增加超过了 20%）。更重要的是，成绩的提高与我们减少基于评改和形式主义的教学规划形成了呼应。

我们的方法包括哪些方面？我们形成了一种思潮，让教师可以同时聚焦于他们自己的专业发展和学生的学习。我们营造了一种环境，让教师可以将他们的工作时间用于发展促进学生之间反馈的技术性策略和教学实践。我们采取了一些方法，促进对学习过程的精准讨论以及自我管理。我们鼓励学生思考他们的目标是什么、他们的进展如何以及下一个目标是什么。

在阅读了一份国际研究和实践的综述之后，我们决定以形成性的口头反馈和提问作为教学改进和教与学策略的基础……

在我们的英语课程中，我们将"交谈式写作"［"Talk for Writing"，派·科贝特（Pie Corbett）］——让学生深度地学习一种写作体裁，以发展他们自我反思、合作建构和为自己或者他人的作品提出反馈的能力——与交流式策略教学法（transactional strategies instruction, TSI，一种阅读理解方法）结合起来。教师们共同与学生就一个相同的文本展开一场有思想性的讨论，目标是让学生解释他们所使用的策略，以及就他们所阅读的东西做出一种反思性回应。

在数学学科中，我们采取类似于新加坡模式的方法，教师对学生、学生对教师和学生互相之间都进行有思维深度的提问。反馈和提问都采取质量优先的方法，将形成性评价作为框架，对过程进行大量的讨论，鼓励高水平的自我管理。

去年，我们引入了 iPad，聚焦于运用"动态化思维"（animated thinking）。学生们运用视频，即给动画和图片配上声音来解释他们的想法。这让他们能够获得教师、其他专家以及同学的反馈，并且以自己的步调做出调整。这意味着每一个儿童都能自信地将技术以一种有意义和有吸引力的方式融入他或她的学习中。当反馈变得可见时，它就能产生无与伦比的力量。

除了这些课程和教学上的变化，我们也支持在所有课程中使用形成性口头反馈策略和精准提问，比如：

建设性反馈

明确地教所有年龄段的学生运用语言框架来互相交流。（比如，"我能够明白你在想什么，但我可以请你试着思考……吗？"）

分享的自主性

在数学课堂上，教师提出一个问题，学生互相讨论，教师促进对话，让思考和提问在学生之间不断流转，并且每隔一段时间给出一种新思路。

两分钟会议

教师利用每周的"两分钟会议"与学生进行交谈，并且通常围绕关于学习的问题。"告诉我你在……上做得怎么样""向我展示一个……的例子"等，这些都是聚焦于学习的对话，就如何改进进行有意义的和具体的对话。这个过程中最关键的是教师与学生的定期会议，其次是学生、父母和教师聚在一起讨论学习进展和下一步任务。

（杰瑞米·哈内，伦敦绍索尔三桥小学）

三桥小学：为一个更好的未来搭建桥梁
反馈政策

165

什么是反馈？

我们承认反馈有不同的形式，并且应该成为每一门课程中必不可少而且无可动摇的一部分。反馈作为学习过程中不可或缺的一部分，必须被精准地植根于课堂的每一个方面，成为日常交流的一部分。所有反馈都应该采取积极的语调。反馈的目的应该是具体的、清晰的且适当的，应该是富有成效的。最好的反馈，无论是书面的还是口头的，都会让学生对他们如何改进有一个清晰的认识，其最终的结果是学生做出回应和取得进步。

反馈的目标 @ 三桥

Ⅰ.帮助学生取得进步。

Ⅱ.为学生做出改进提供策略。

Ⅲ.向学生提供专门用于反思自己的学习和努力取得进步的时间。

Ⅳ.引导教学计划，作为下一阶段学习的框架。

Ⅴ.促进教师和学生设定有效的和现实的目标。

Ⅵ.鼓励教师和学生之间的对话。

Ⅶ.鼓励学生对自己的作品产生一种自豪感。

Ⅷ.鼓励学生进行完美的呈现。

Ⅸ. 改正错误，聚焦于读写和数学的技能与策略。

反馈的原则 @ 三桥

Ⅰ. 反馈应该是及时的，对个体学习者的需求做出回应，让他们能够积极地运用反馈。

Ⅱ. 在教师与学生个体之间、教师与班级之间，以及在学生内部，形成口头和书面的对话。让学生有时间去消化反馈，落实他们感觉对推动自己的学习取得进展很重要的事情。

Ⅲ. 鼓励学生从合作设定的学习目标出发评价自己的作品。

Ⅳ. 在教师精心设定的框架之下，同伴反馈和自我反馈是对学习很有价值的工具，应该成为常规的活动。

口头反馈的类型和频率 @ 三桥

Ⅰ. 这是最常见的反馈类型。

Ⅱ. 口头反馈具有即时性和相关性，因为它能够引发学生的直接行为。

Ⅲ. 口头反馈可能指向学生个体或群体，可以是有计划的，也可以是即兴的，但都应该基于对学习的有洞察力和策略性的评估。

同伴反馈的类型和频率 @ 三桥

Ⅰ. 研究表明，这是最有效的反馈模式之一。有效的同伴反馈具有严谨的结构，并且需要教师的示范。这些结构是无缝融入学校的教学模式中的。

Ⅱ. 学生需要在一段时间里得到良好的训练，以有效地进行同伴评价。所有教师都要引导这个过程。

自我反思、评价和反馈的类型和频率 @ 三桥

Ⅰ. 类似于同伴反馈，学生需要一个清晰的结构来确定他们的学习需求。

Ⅱ. 在合适的地方，教师应该帮助学生挖掘和分享学习成功的要素。

形成性反馈或形成性口头反馈策略 @ 三桥

为了以一种一以贯之和群策群力的方式在课堂上提供强有力的反馈，我们汇总了以下一些策略。这些策略构成了学校教学模式的一部分，而不是课

堂的"附属品"。形成性反馈和形成性口头反馈的策略如下。

- ABC 策略 [同意（agree with）……在此基础上（build upon）……挑战（challenge）……]。
- TPPPTPPP（教师，学生，学生，学生，教师，学生，学生，学生）策略。
- 通过"释物"（Explain Everything, EE）的"可见的学习"策略（提供 iPad——见"释物"的注释）。
- 即时修改（提供 iPad）。
- 小组引导或分享的活动。
- 教师或学生的元认知分享 / 示范。
- 思考 / 配对 / 分享。
- 一对一会议。
- "意见线"。
- "询问墙"和"发布回答"。
- "聆听学习"。
- "锚定任务"。
- 程序和概念的变式。

书面反馈的类型和频率 @ 三桥

　Ⅰ. 只有当教师认为，对于特定的学科 / 课堂 / 学生 / 情境，书面反馈是最有效和最适切的反馈类型时，教师才会使用书面反馈。在大部分情况下，书面反馈是使用频率最低的反馈类型。

　Ⅱ. 书面反馈会示范我们的课堂展示 / 书写 / 期望的各个方面。

　Ⅲ. 当书面反馈被恰当地使用时，书面反馈可以在正强化学生已掌握的技能与提出改进其作品的一种清晰、及时和可落实的想法之间取得平衡。

　Ⅳ. 这可能包括查找出特定的问题，比如关键词、展示或拼写等问题，学生应该根据建议采取行动。

英语和数学学科的反馈 @ 三桥

　Ⅰ. 如果我们想要提高学生的英语水准，我们必须提供适当的和精准的反馈。为了让学生对自己的作品感到自豪，必须使他们意识到拼写、语法和标点符号不仅在英语课上很重要，而且对发生在任何地方的沟通交流都是极其重要的。我们必须通过各种类型的反馈对其进行监控。

Ⅱ.我们所有人都有责任在适当的场合中对学生的数学水平保持警觉。比如，我们应该在所有课程中都准确地监控学生对图表、比率、比例等概念的掌握情况。

监控和评价 @ 三桥

Ⅰ.我们服务于每一位儿童，并且有责任让我们的工作和学生的学习达到最高的水准。高层领导者会提供与反馈相关的支持和发展，将其作为年度总结的一部分，并每年都重新检查和讨论核心策略。

Ⅱ.我们，包括教师和高层领导者，都有同样的期望和责任——让所有学生都在他们的学习中取得进步。相关工作包括在职培训日（in service educational training, INSET），教师发起的非正式对话，或者更正式的方式，比如课程学习。

Ⅲ.在分析三桥小学中的反馈的质量和影响力时，教师与高层领导者应该通力协作，搜集一系列证据，进行三角互证：与学生和教师的谈话、值得庆祝的工作成果、内部的模范和审核、课程学习总结等。

注释：

在三桥，"释物"是一个核心的应用程序，我们将其作为提供指导和反馈的策略。在这个应用程序中，教师可以设计和推送学习内容，并将其设置为允许学生个体、小组或班级访问（也可以通过所有三种方式）。在课堂上，教师鼓励学生将互相之间的书面反馈和口头反馈实时记录下来，作为学习的一部分，同时向学生提供机会，通过无线网络将他们的思考过程展示给整个班级或小组，使所有学生都能反思其他人的成功和困难。教师有机会对他们的对话和某个学生或小组的实时修改进行视频录制，让所有人都能看到——但不同于大部分视频软件的是，这些视频可以被保存下来，在稍后的另一堂课上播放，学生可以在他们认为的最佳时机播放它们。学生可以保存他们的作业，并且能够在学年中的任何时间访问它们，看他们取得了哪些进步。最重要的是学生可以反思他们接收到的反馈，并在很长的时间里都能落实这些反馈。

　　这三个政策文本表明，我们能够以多种截然不同的方式展示一所学校的目标和实践：一页总结，引用研究，使用大量不同的标题。当然，无论采取哪一种风格，最重要的是政策必须反映学校实践的现实，并且持续地评估其影响力的有效性。所有这些政策都清晰地指出了即时反馈的力量，并且提醒我们要警惕出于错误原因而提供反馈的陷阱。

要　点

- ■ 教师应该让学生有尽可能多的机会向自己提供关于其学习需求的反馈，无论是在课堂中，还是在结课时或下课后。
- ■ 只有当书面反馈明确能够提高学生的学业成就时，教师才应该提供书面反馈，并且书面反馈应该聚焦于作业的成功之处和具体的改进建议。
- ■ 面对面的反馈讨论比评改更有影响力。
- ■ 其他的评改方法：为备课而检查学生的本子，面向全班的反馈表，使用评改代号，这些都可以减轻失控的评改工作量。
- ■ 令人分心的政治（问责制）会让教师把太多精力放在结果上，而疏忽了学习。
- ■ 我们应该向学生父母和其他校外合作者提供给予和接收学校反馈的途径。
- ■ 学生主导的检查会比传统的教师家长会更加有效。
- ■ 学生参与撰写给家长的书面报告能够带来益处。

结 语

169 　　这本书的主要目标是解开一个谜题——为什么反馈的力量如此强大，它的效果却又如此多变？解决之道是了解每一个学习阶段最有效的反馈类型，并用三个主要的反馈问题作为反馈的框架，强调"下一步的目标是什么／如何取得进步"的反馈。我们还强调了教师示范、接收和诠释反馈，以及根据他们收到的关于其教学影响力的反馈调整教学的重要性。当教师对关于其教学的反馈做出回应时，他们就向学生展示了反馈的力量。他们展示出他们聆听了学生的声音，并因此做出改变、调整或者重新教学。最后，我们旨在证明，正是错误、无知和错误概念创造了学习机会，这是最需要发挥成长型思维的力量的时机。

　　我们在本书的开头就指出了反馈的力量，但也指出了，很矛盾的是，并非所有反馈都是有力的；即便是同样的反馈，在不同的情境中也会产生不同的效果。整本书的目标都是解开这个谜题。到这里为止，我们希望你已经知道了主要的问题所在——反馈的力量取决于聆听者的接收能力，以及给予者提供反馈信息的能力；它也取决于学习阶段（从表层学习到深层学习，再到迁移学习），只有当它能够被接收和用于指引下一个学习阶段时，它的价值才凸显出来；并且最关键的是，它不仅取决于反馈是否被聆听和理解，而且取决于接收者是否能够运用反馈来改进他们的学习。因此，在理解反馈时，我们需要更加关注学习者的接收情况，他们的技能、意愿和动机，并尽可能地提供能够帮助学习者向前推进的反馈。

要点：减轻反馈效果的多变性，最大限度地提高反馈的影响力

170
- 反馈需要关注学习者处于表层学习、深层学习还是迁移学习。
- 不关注改进的评分或评语会阻碍学习。
- 评语需要关注成功和改进。

学习者品质

学习者的品质与反馈同等重要。学习者的情绪通常会影响其接收到的反馈所产生的效果。他们的想法、感受和理解都会对信息进行过滤。除此以外，反馈还需要成本——它通常需要再投入、重新学习和重新理解。这正是很多反馈没有被聆听，或者被拒绝和否定的原因。学生通常从早年的学校教育中就学习到以一种抵消、掩盖或误读的方式回应反馈，比如只聆听正面的或自我提升的反馈，而听不进负面信息；欣然接受积极反馈，对消极反馈却吹毛求疵；将积极方面归功于自己，将消极方面归咎于他人；误记反馈和捏造自我实现的预言（Dunning，2005）。

> **要点：减轻反馈效果的多变性，最大限度地提高反馈的影响力**
>
> - 技能、倾向和动机：有效学习和有效反馈需要建立在学生带进任务中的技能、理解和运用学习特质的能力，以及对学习的兴奋感和好奇心之上。
> - 高度的自我效能感和信任是有效反馈的必要条件。
> - 思维模式和心智框架：我们希望学生在面临挑战或者不知所措时运用成长型思维，而非固定型思维。这样的思维框架需要他们知道如何学习，如何谈论学习，并且感到有责任促进自己的学习和在学习中与他人合作。
> - 错误是学习的机会，不应该被视为一种应该避免的东西或者失败的象征。
> - 虽然表扬有助于建立信任和积极的关系，但不要将表扬和对学习的反馈混在一起。表扬可能会使人避免在学习上投入努力。
> - 外部奖励与任务表现之间呈负相关。所有类型的反馈都应该避免与其他学生做比较。

学生将什么带进了课堂

"诊断"学生将什么带进了课堂，与他们一起合作，向他们展示这一节课的成功标准，然后将反馈理解为缩小他们当前水平和理想水平之间的差距。不断地让学生看到在朝向那些有适度挑战性的目标的旅程中，他们处于哪一个位置。这就像谷歌地图——我们知道目的地是哪里，但可能会有很多不同的路线通往目的地，尤其是当班上的学生有不同的起点时。正是这种持续的和及时的关于"下一个目标是什么"的反馈，使学生在这趟学习旅程中充满干劲，茁壮成长。

> **要点：减轻反馈效果的多变性，最大限度地提高反馈的影响力**
>
> ■ 先前知识是反馈的出发点。
> ■ 与先前知识相关的讨论问题为教师提供课堂教学计划是否可行的反馈，从而让教师有机会做出调整。
> ■ 目标应该是明确且有挑战性的，但任务的复杂性应该是较低的。
> ■ 学生必须知道学习意图，但不一定是在一堂课开始时。学习意图应该是真实、清晰和去情境化的，从而使技能可以迁移到其他情境和学科中。
> ■ 成功标准需要由师生共同设定，才能够发挥最大的影响力。成功标准要么是与封闭性学习意图相应的强制性要素（规则），要么是与开放性学习意图相关的选择性要素（工具）。
> ■ 反馈是为了缩小现有水平和理想水平之间的差距。

教师的角色

我们同样希望教师能够通过成为关于自身影响力的反馈的接收者和聆听者，示范这一反馈的过程。我们也希望他们建立高度的信任，使错误和错误概念被视为受欢迎的学习机会，使评价被认为是对教师自身影响力（他们影响了谁、对哪些方面带来了影响、影响有多大）的反馈，并且将"下一个目标是什么"作为形成性评价过程的实质。这意味着教师（以及学生）需要对学习过程以及各个阶段所需的理想的反馈类型（表层学习阶段与任务相关的反馈，深层学习阶段与过程相关的反馈，迁移学习阶段与自我管理相关的反馈）有深刻的理解。

> **要点：减轻反馈效果的多变性，最大限度地提高反馈的影响力**
>
> ■ 学生对教师的反馈是最重要的，包括：（1）我的目标是什么?（2）我的进展如何?（3）下一个目标是什么? / 如何能够取得进步?
>
> ■ 教师应该让学生有尽可能多的机会向自己提供关于其学习需求的反馈，无论是在课堂中，还是在结课时或下课后。
>
> ■ 当反馈被接收，并且接收者据其做出了行动时，反馈才产生了效果。
>
> ■ 反馈是形成性评价框架的一部分，形成性评价框架包括学习意图、共同设定的成功标准、知道优秀示例是什么样的、有效的提问和反馈。
>
> ■ SOLO 分类法（表层学习、深层学习和迁移学习）可用于理解学生的思维发展过程，有助于让学生进入分类法的下一个阶段，并且有助于编制教学计划、评价和提供适当的反馈。
>
> ■ 当你问学生关于他们学习的事情时，不要预设你知道发生了什么——向学生寻求关于他们想法的反馈。

学生的策略

最后，反馈的力量如此多变，与学生所学习的如何充分地利用他们所接收到的反馈的策略相关。这些策略使他们能够聆听、诠释反馈，并且将其运用在自己的学习中。

> **要点：减轻反馈效果的多变性，最大限度地提高反馈的影响力**
>
> ■ 内容越是有意义，学生记住学习内容的可能性就越大。
>
> ■ 如果我们对内容知识进行温习，遗忘有助于更好地记忆。
>
> ■ 有一定间隔而不过量的学习是最有效的。
>
> ■ 对于鼓励更多的问题解决和运用"应对困难"的策略，有时候反馈"少即是多"。
>
> ■ 为了使学业成就最大化，任务应该处于"有益难度"之上。
>
> ■ 教师设法提问和聆听学生的同伴讨论，能够使学生的理解显示出来。
>
> ■ 激发学生，使他们成为彼此的学习资源。
>
> ■ 同伴辅导需要训练和示范。

明天你走进教室时，不要问"我在做什么？""我如何做才能最好地教学？"，而是要问"我如何从学生那里寻求关于自身影响力的反馈？"。这需要你回答"影响力意味着什么"这个道德问题（看一下你的学习意图和成功标准）。它需要你回答以下这两个问题：你的课堂是否让你的所有学生都取得了必需的进步？你的班级是不是一个安全的和有吸引力的学习场所？它需要你回答影响力大小的问题：课堂上的学习是否充足？你还需要问自己，如何根据这些反馈改进下一节课？

对学生而言，好事就会接踵而至。

附录：总结图表

以下这张经过改编的表格（见附表1）总结了本书中提及的关于反馈的各个方面的证据。感谢澳大利亚教师与学校领导力中心（AITSL）。

附表1 良好反馈的特征

方面	更有效的反馈	无效的反馈
设定目标	设定了一个具体且有挑战性的目标，通常带有一个关于某任务的高质量表现的标准。	目标模糊不清或者没有被使用。
	向学生传达目标，使他们能够理解它（比如，共同设定成功标准 / 优秀的示例）。	学生不理解目标或成功标准。
	反馈直接回应任务目标。	
反馈类型	反馈关注表现中的积极要素，比如正确回答的细节。	反馈仅关注错误的回答。
	反馈含有建设性的批评：激发学生改进任务表现的建议。	反馈没有提供改进表现或增进理解的信息或支持。
	反馈提及学生的表现与先前尝试相比有哪些改变。	聚焦于与其他学生的评语或评分的比较。
	反馈包含学生自我评价（包括同伴反馈）的要素，作为鼓励学生自主和承担责任的过程的一部分。	依赖外部奖励（比如贴纸、星星）。反馈包含惩罚。

续表

方面	更有效的反馈	无效的反馈
反馈的层面	反馈提供关于任务的信息：表现如何，以及如何才能更高效地完成任务。 过程层面的反馈：学生如何能改进所涉及的学习过程，以理解和执行任务？ 自我管理层面的反馈：学生如何能够更好地计划、监控和管理自己的行为，以及运用策略来解决任务？这也可以被称为"元认知"反馈。	提供了笼统的反馈，比如对任务表现予以缺乏细节的表扬或批评。 自我层面的反馈：评论学生的积极或消极的个人品质，提供了很少的，或者几乎没有提供关于过程或表现的信息。

（改编自"聚光灯——重构反馈以改进教与学"，澳大利亚教师与学校领导力中心）

附表 2 摘录自迈克尔·麦克道尔（Michael McDowell）2019 年出版的《发展学生的专业能力》（*Developing Student Expertise*），它总结了驱动专业能力发展的关键学习原则。

附表 2　关键学习原则

学习原则	描述
刻意练习	在一段时间里刻意和持续的练习是精通某项技能的必要条件。在一个人练习掌握专业能力时，他需要运用新策略来促进表层学习、深层学习和迁移学习。
先前知识	儿童对新事物的理解建立在他们的已有知识上。理想的做法是激活他们的先前知识，并让他们有机会接触到已知事物以外的东西。
认知负荷	对一个概念或主题进行深入的思考，我们必须先积累事实性知识，才可能引发复杂的思考。
社会学习	从他人身上学习能够有力地促进学习。由同伴和专家提供反馈、示范和直接教学，对于学习而言是无价的。
在学习上的再投入	理解和发展学习特质，使人能够完成短期或长期目标，这通常会给人的情绪带来影响。

麦克道尔（加利福尼亚州罗斯学区督学）还在他的这部著作中加入了"发展学生专业能力的5C"，简明地总结了教师在课堂中的角色。

发展学生专业能力的 5C

提高清晰度（clarity）：学生必须及时知道他们的学习目标是什么，他们目前处于什么水平，以及他们下一步需要做什么。学生需要对他们要掌握的核心知识和技能的不同的复杂水平有清晰的理解。教师运用多种策略确保学习者有能力达到这些学习要求。

驾驭挑战（challenge）：隐藏在概念之间的关系和规律，及不同的问题情境之下产生的学生的错误概念、悖论和矛盾关系是发展专业能力的"桥头堡"。教师运用不同的策略制造挑战，并且支持学习者迎接这些挑战。

持续的监控（checking）：教师持续地监控学习者朝向课程目标的进展情况，以及学习者是否有能力检查自己的理解。这种监控为后续的干预方式提供了基础。

建立对话（conversation）：大量研究表明，不管教师采取何种行动，学生之间都会发生大量对话。教师要运用各种策略，将社会化的需求和吸引力，以及关于对话的研究，作为发展专业能力的重要因素。

解决高度情境化（contextually）**的问题**：当学生迁移他们的能力以解决不同情境中的问题时，教师支持学生分析和洞察不同问题之间的相似点和差异性。

参考文献

■ Ausubel, D.P. (1968). *Educational psychology:A cognitive view*. NewYork: Holt, Rinehart and Winston.

■ Baines, E. (2012).'Grouping students by ability in school', in P. Adey and J. Dillon (Eds.), *Bad education: Debunking myths in education*. Maidenhead: McGraw Hill, Open University Press.

■ Bandura, A. (1997). *Self-efficacy:The exercise of control*. London: Macmillan.

■ Berger, R.(2013).'Critique and feedback – the story of Austin's butterfly'. *YouTube*.

■ Biggs, J.B. and Collis, K.E. (1982). *Evaluating the quality of learning:The SOLO taxonomy (structure of the observed learning outcome)*. New York: Academic Press.

■ Bjork, E.L. and Bjork, R.A. (2014).'Making things hard on yourself, but in a good way: Creating desirable difficulties to enhance learning', in M.A. Gernsbacher and J.R. Pomerantz (Eds.), *Psychology and the real world: Essays illustrating fundamental contributions to society*, 2 ed. New York:Worth, pp. 59–68.

■ Bjork, R.A. (1994a).'Institutional impediments to effective training', in D. Druckman and R.A Bjork (Eds.), *Learning, remembering, believing: Enhancing individual and team performance*.Washington, DC: National Academy Press, pp. 295–306.

■ Bjork, R.A. (1994b).'Memory and metamemory considerations in the training of human beings', in J. Metcalfe and A.P. Shimamura (Eds.), *Metacognition: Knowing about knowing*. Cambridge, MA: MIT Press, pp. 185–205.

■ Bjork, R.A. (2011).'On the symbiosis of learning, remembering and forgetting', in A.S. Benjamin (Ed.), *Successful remembering and successful forgetting: A festschrift in honor of Robert A. Bjork*. London: Psychology Press, pp. 1–22.

■ Bjork, R.A. and Kroll, J.F. (2015). 'Desirable difficulties in vocabulary learning',

The American Journal of Psychology, 128(2), p. 241.

- Black, P. and Wiliam, D. (1998a). 'Assessment and classroom learning', *Assessment in Education: Principles, Policy and Practice, 5*(1), pp. 7–73.

- Black, P. and Wiliam, D. (1998b). *Inside the black box: Raising standards through classroom assessment.* London: King's College London School of Education.

- Black, P.J. and Wiliam, D. (2009). 'Developing the theory of formative assessment', *Educational Assessment, Evaluation and Accountability, 21*(1), pp. 5–31.

- Boaler, J. (2008). *The elephant in the classroom: Helping children learn and love maths.* London: Souvenir Press.

- Boaler, J. (2016). *Mathematical mindsets: Unleashing students' potential through creative math, inspiring messages and innovative teaching.* San Francisco: John Wiley & Sons.

- Bolton, S. and Hattie, J. (2017). 'Cognitive and brain development: Executive function, Piaget, and the prefrontal cortex', *Archives of Psychology, 1*(3).

- Brooks, C. (2017). *Coaching teachers in the power of feedback.* University of Queensland, Australia.

- Brousseau, G. (1997). *Theory of didactical situations in mathematics: Didactique des mathematiques (1970–1990).* New York: Springer.

- Burnett, P.C. and Mandel, V. (2010). 'Praise and feedback in the primary classroom: Teachers' and students' perspectives', *Australian Journal of Educational and Developmental Psychology, 10*, pp. 145–154.

- Burris, C., Heubert, J. and Levin, H. (2006). 'Accelerating mathematics achievement using heterogeneous grouping', *American Educational Research Journal, 43*(1), pp. 103–134.

- Butler, R. (1988). 'Enhancing and undermining intrinsic motivation: The effects of task-involving and ego-involving evaluation on interest and performance', *British Journal of Educational Psychology, 58*(1), pp. 1–14.

- Carless, D. (2006). 'Differing perceptions in the feedback process', *Studies in Higher Education, 31*(2), pp. 219–233.

- Chan, C.Y.J. (2006). 'The effects of different evaluative feedback on students' self-efficacy in learning', Unpublished PhD. University of Hong Kong.

■ Chiu, M.M., Chow, B.W. and Joh, S.W. (2017). 'Streaming, tracking and reading achievement: A multilevel analysis of students in 40 countries', *Journal of Educational Psychology*, *109*(7), pp. 915–934.

■ Clarke, S.(2001). *Unlocking formative assessment*. London: Hodder and Stoughton.

■ Clarke, S. (2003). *Enriching feedback in the primary classroom*. London: Hodder Murray.

■ Clarke, S. (2005). *Formative assessment in the secondary classroom*. London: Hodder and Stoughton.

■ Clarke, S. (2014). *Outstanding formative assessment*. London: Hachette.

■ Claxton, G. (2002). *Building learning power, TLO Limited*. Bristol.

■ Clinton, J. and Hattie, J. (2013). 'New Zealand students' perceptions of parental involvement in learning and schooling', *Asia Pacific Journal of Education*, *33*(3), pp. 324–337.

■ Cohen, G.L. and Garcia, J. (2014). 'Educational theory, practice and policy and the wisdom of social psychology', *Policy Insights from the Behavioral and Brain Sciences*, *1*(1), pp. 13–20.

■ Costa, A.L. and Garmston, R. (2017). 'A feedback perspective', in I. Wallace and L. Kirkman (Eds.), *Best of the best: Feedback*. Carmarthen, Wales: Crown House Publishing.

■ Costa, A.L. and Kallick, B. (Eds.) (2008). *Learning and leading with habits of mind: 16 essential characteristics for success*. Association for Supervision and Curriculum Development,VA.

■ Crooks, T. (1988). 'The impact of classroom evaluation practices on students', *Review of Educational Research, 58*(4), pp. 438–481.

■ Crooks,T. (2001).'The validity of formative assessments', *British Educational Research Association Annual Conference*. University of Leeds, pp. 13–15.

■ Curtis, C. (2016). www.learningfrommymistakesenglish.blogspot.com.

■ DCSF. (2005). *Higher standards, better schools for all*, Govt. White Paper. England: DCSF.

■ Deci, E.L., Koestner, R. and Ryan, R.M. (1999).'A meta-analytic review of experiments examining the effects of extrinsic rewards on intrinsic motivation', *Psychological Bulletin, 125*(6), pp. 627–668.

- Deci, E.L. and Ryan, R.M. (1985). *Intrinsic motivation and self-determination in human behavior.* New York: Plenum.

- Didau, D. (2015). *What if everything you knew about education was wrong?.* Carmarthen, Wales: Crown House Publishing.

- Dunning, D. (2005). *Self-insight: Roadblocks and detours on the path to knowing thyself.* New York: Psychology Press.

- Dweck, C. (1989).'Motivation', in A. Lesgold and R. Glaser (Eds.), *Foundations for a psychology of education.* Hillsdale, NJ: Erlbaum.

- Dweck C.S. (2000). *Self-theories:Their role in motivation, personality and development.* New York: Psychology Press.

- Dweck, C. (2006). *Mindset:The new psychology of success.* NewYork: Random House Incorporated.

- Dweck, C. (2015).'Carol Dweck revisits the growth mindset', *Education Week,* September 22, 2015.

- Dweck, C. (2016).'How praise became a consolation prize', *The Atlantic,* December 2016,accessed May 16, 2018,www.theatlanticcom/education/archive/2016/12/ how-praise-became-a-consolation-prize/510845/.

- Elewar, M.C. and Corno, L. (1985). 'A factorial experiment in teachers' written feedback on student homework: Changing teacher behaviour a little rather than a lot', *Journal of Educational Psychology, 77*(2), pp. 162–173.

- Elliott, E. and Dweck, C. (1988).'Goals: An approach to motivation and achievement', *Journal of Personality and Social Psychology, 54*(1), pp. 5–12.

- Ericsson, K.A., Krampe, R.T. and Tesch-Romer, C. (1993).'The role of deliberate practice in the acquisition of expert performance', *Psychological Review, 100*(3), pp. 363–406.

- Francis, B., Archer, L., Hodgen, J., Pepper, D.,Taylor, B. and Travers, M.C. (2016). 'Exploring the relative lack of impact of research on "Ability grouping" in England: A discourse analytic account', *Cambridge Journal of Education, 47*(1), pp. 1–17.

■ Frey, N., Hattie, J. and Fisher, D. (2018). *Developing assessment-capable visible learners, grades K-12: Maximizing skill, will, and thrill.* Thousand Oaks, CA: Corwin Press.

■ Goldstein, L. (2006). 'Feedback and revision in second language writing: Contextual, teacher and student variables', in K. Hyland and F. Hyland (Eds.), *Feedback in second language writing: Contexts and issues.* Cambridge: Cambridge University Press, pp. 185–205.

■ Hannay, J. (2016). How to stop marking taking over your life. www.teachwire.net/news.

■ Hattie, J. (2009). *Visible learning: A synthesis of over 800 meta-analyses relating to achievement.* Oxford: Routledge.

■ Hattie, J. (2012). *Visible learning for teachers: Maximizing impact on achievement.* Oxford: Routledge.

■ Hattie, J. and Timperley, H. (2007).'The power of feedback', *Review of Educational Research, 77*(1), pp. 81–112.

■ Hattie, J., Biggs, J. and Purdie, N. (1996). 'Effects of learning skills interventions on student learning: A meta-analysis', *Review of Educational Research, 66*(2), pp. 99–136.

■ Hattie, J.A.C. (1992). 'Measuring the effects of schooling', *Australian Journal of Education, 36*(1), pp. 5–13.

■ Hattie, J.A.C. and Donoghue, G.M. (2016). 'Learning strategies: A synthesis and conceptual model', *NPJ Science of Learning*, 1, www.nature.com/articles/npjscilearn201613.

■ Hattie, J.A.C. and Peddie, R. (2003). School reports: 'Praising with faint damns'. *Set: Research Information for Teachers*, 3, pp. 4–9.

■ Hattie. J.A.C. and Zierer, K. (2018). *10 Mindframes for Visible Learning: Teaching for Success.* Oxford: Routledge.

■ Higgins, R., Hartley, P. and Skelton, A. (2002). 'The conscientious consumer: reconsidering the role of assessment feedback in student learning', *Studies in Higher Education, 27*(1), pp. 53–64.

■ Hong, S. and Ho, H.-Z. (2005). 'Direct and indirect longitudinal effects of parental involvement on student achievement: Second-order latent growth modelling across ethnic groups', *Journal of Educational Psychology*, *97*(1), pp. 32–42.

- Horvath, J.C. (2014).'The neuroscience of PowerPointTM', *Mind, Brain, and Education*, *8*(3), pp. 137–143.

- Kamins, M.L. and Dweck, C.S. (1999).'Person versus process praise and criticism: Implications for contingent self-worth and coping', *Developmental Psychology*, *35*(3), p. 835.

- Kluger, A.N. and DeNisi, A. (1996).'The effects of feedback interventions on performance: A historical review, a meta-analysis, and a preliminary feedback intervention theory', *Psychological Bulletin*, *119*(2), p. 254.

- Kohn, A. (1994). 'Grading: The issue is not how but why', *Educational Leadership*, *52*(2), pp. 38–41.

- Kulhavy, R.W. (1977). 'Feedback in written instruction', *Review of Educational Research*, *47*(1), pp. 211–232.

- Lepper, M.R. and Hodell, M. (1989). 'Intrinsic motivation in the classroom', in C. Ames and R. Ames (Eds.), *Research on motivation in the classroom.Vol.3*, pp. 73–105. San Diego, CA: Academic Press.

- Li, S., Zhu,Y. and Ellis, R. (2016).'The effects of the timing of corrective feedback on the acquisition of a new linguistic structure', *Modern Language Journal*, *100*, pp. 276–295.

- Lipnevich, A.A. and Smith, J.K. (2008). 'Response to assessment feedback: The effects of grades, praise and sources of information', *ETS Research Report Series, 2008*(1), pp. 1–57.

- Lomas, J.D., Koedinger, K., Patel, N., Shodhan, S., Poonwaia, N. and Forizzi, J.L. (2017). 'Is difficulty overrated? The effects of choice, novelty and suspense on intrinsic motivation in educational games', *Proceedings of the 2017 CHI conference on human factors in computing systems*, pp. 1028–1039.

- Mayer, R.E. and Moreno, R. (1998).'A split-attention effect in multimedia learning: Evidence for dual processing systems in working memory', *Journal of Educational Psychology*, *90*(2), pp. 312–320.

- McDowell, M. (2019). *Developing student expertise.* Thousand Oaks, CA: Corwin

Press.

■ Merrett, F. and Tang,W.M. (1994). 'The attitudes of British primary school students to praise, rewards, punishments and reprimands', *British Journal of Educational Psychology*, *64*(1), pp. 91–103.

■ Meyer,W.U., Mittag,W. and Engler U. (1986). 'Some effects of praise and blame on perceived ability and affect', *Social Cognition*, *4*(3), pp. 293–308.

■ Moser, J., Schroder, H.S., Heeter, C., Moran,T.P. and Lee,Y.H. (2011). 'Mind your errors: Evidence for a neural mechanism linking growth mindset to adaptive post error adjustments', *Psychological Science*, *22*, pp. 1484–1489.

■ Nottingham J. (2017). *The learning challenge: How to guide your students through the learning pit to achieve deeper understanding.* Thousand Oaks, CA: Corwin.

■ Nuthall, G.A. (2005). 'The cultural myths and realities of classroom teaching and learning: A personal journey', *Teachers College Record*, *107*(5), pp. 895–934.

■ Nuthall, G.A. (2007). *The hidden lives of learners.* Wellington: NZCER Press.

■ Nuthall, G.A. and Alton-Lee, A.G. (1997). *Understanding learning in the classroom.* Report to the Ministry of Education. Understanding Learning and Teaching Project 3. Wellington: Ministry of Education.

■ Nystrand, M. (2006). 'Research on the role of classroom discourse as it affects reading comprehension', *Research in the Teaching of English*, *40*, pp. 392–412.

■ Ofsted (1996). *General report on schools.* London: Office for Standards in Education, p. 40.

■ Podsakoff, P.M. and Farh, J.L. (1989). 'Effects of feedback sign and credibility on goal setting and task performance', *Organizational Behavior and Human Decision Processes*, *44*(1), pp. 45–67.

■ Peacock, A. (2016). *Assessment for learning without limits.* London: Open University Press.

■ Pulfrey, C., Buchs, C. and Butera, F. (2011). 'Why grades engender performance - avoidance goals: The mediating role of autonomous motivation'. *Journal of Educational Psychology*, *103*(3), pp. 683–700.

■ Ramaprasad,A. (1983). 'On the definition of feedback', *Behavioral Science*, *28*(1), pp.4–13.

■ Rosenthal, R. and Jacobson, L. (1968). *Pygmalion in the classroom: Teacher expectation and students' intellectual development*. New York: Holt, Rinehart, and Winston.

■ Rubie-Davies, C. (2017). *Teacher expectations in education*. Oxford: Routledge.

■ Ryan, A.M. and Shim, S.S. (2012). 'Changes in help seeking from peers during early adolescence: Associations with changes in achievement and perceptions of teachers', *Journal of Educational Psychology, 104*(4), pp. 1122–1134.

■ Ryan, R.M., Miniis, V. and Koestner, R. (1983). 'Relation of reward contingency and interpersonal context to intrinsic motivation: A review and test using cognitive evaluation theory', *Journal of Personality and Social Psychology, 45*, pp. 736–750.

■ Sadler, R. (1989). 'Formative assessment and the design of instructional systems', *Instructional Science, 18*, pp. 119–144.

■ Santagata, R. (2005). 'Practices and beliefs in mistake-handling actives: A video study of Italian and US mathematics lessons', *Teaching and Teacher Education, 21*(5), pp. 491–508.

■ Shayer, M. (2003). 'Not just Piaget, not just Vygotsky, and certainly not Vygotsky as alternative to Piaget', *Learning and Instruction, 13*(5), pp. 465–485.

■ Skipper, Y. and Douglas, K. (2012). 'Is no praise good praise? Effects of positive feedback on children's and university students' responses to subsequent failures', *British Journal of Educational Psychology, 82*(2), pp. 327–339.

■ Slavin, R.E., Hurley, E.A. and Chamberlain, A. (2003). 'Cooperative learning and achievement', in W.M. Reynolds and G.J. Miller (Eds.), *Handbook of psychology*. Hoboken, NJ: John Wiley & Sons.

■ Soderstrom, N.C. and Bjork, R.A. (2015). 'Learning versus performance: An integrative review', *Perspectives on Psychological Science, 10*(2), pp. 176–199.

■ Steuer, G., Rosenritt-Brunn, G. and Dresel, M. (2013). 'Dealing with errors in mathematics classrooms: Structure and relevance of perceived error climate', *Contemporary Educational Psychology, 38*(3), pp. 196–210.

■ Stigler, J.W. and Hiebert, J. (2009). *The teaching gap: Best ideas from the world's teachers for improving education in the classroom*. New York: Simon and

Schuster.

- Sweller, J. (1988). 'Cognitive load during problem solving: Effects on learning', *Cognitive Science, 12*(2), pp. 257–285.

- Sweller, J. (2016).'Working memory, long-term memory, and instructional design', *Journal of Applied Research in Memory and Cognition, 5*(4), pp. 360–367.

- Tulis, M. (2013).'Error management behavior in classrooms: Teachers' responses to student mistakes', *Teaching and Teacher Education, 33*, pp. 56–68.

- Van-Dijk, D. and Kluger, A.N. (2000). 'Positive (negative) feedback: Encouragement or discouragement?', *15th Annual Convention of the Society for Industrial and Organizational Psychology*. New Orleans, LA.

- Wallace, I. and Kirkman, L. (Eds.), (2017). *Best of the best: Progress.* Carmarthen: Crown House Publishing.

- Wiliam, D. (2006). 'Assessment for learning: why, what and how', edited transcript of a talk given at the Cambridge Assessment Network Conference on 15 September 2006 at the Faculty of Education, University of Cambridge.

- Wiliam, D. (2011). *Embedded formative assessment.* Bloomington, IN: Solution Tree.

- Wiliam, D. and Leahy, S. (2015). *Embedding formative assessment: Practical techniques for K-12 classrooms.* West Palm Beach, FL: Learning Sciences International.

- Wiliam, D. and Thompson, M. (2006). 'Integrating assessment with learning: what will it take to make it work?', in C.A. Dwyer (Ed.), *The future of assessment: Shaping teaching and learning.* Mahwah, NJ: Lawrence Erlbaum Associates.

- Woollett, K. and Maguire, E.A. (2012). 'Exploring anterograde associative memory in London taxi drivers', *Neuroreport, 23*(15), p. 885.

- Zierer, K. and Hattie, J. (2017). *10 mindframes for visible learning: Teaching for success.* Oxford: Routledge.

索 引 *

---

* 各词条后所列数码，为英文版原著页码，即本书边码；斜体数字表示该术语出现在图表中。

出 版 人　李　东
责任编辑　翁绮睿
版式设计　郝晓红
责任校对　翁婷婷
责任印制　叶小峰

图书在版编目（CIP）数据

可见的学习：反馈的力量 /（新西兰）约翰·哈蒂
（John Hattie），（英）雪莉·克拉克（Shirley Clarke）
著；伍绍杨译 . —北京：教育科学出版社，2021.10（2024.7 重印）
书名原文：Visible Learning: Feedback
ISBN 978 - 7 - 5191 - 2466 - 3

Ⅰ . ① 可… Ⅱ . ① 约… ② 雪… ③ 伍… Ⅲ . ① 课堂教
学—教学研究 Ⅳ . ① G424.21

中国版本图书馆 CIP 数据核字（2021）第 070992 号

北京市版权局著作权合同登记 图字：01-2021-5393 号

可见的学习：反馈的力量

KEJIAN DE XUEXI: FANKUI DE LILIANG

出 版 发 行	教育科学出版社			
社　　　址	北京·朝阳区安慧北里安园甲 9 号	邮　　编	100101	
总编室电话	010–64981290	编辑部电话	010–64981167	
出版部电话	010–64989487	市场部电话	010–64989009	
传　　真	010–64891796	网　　址	http : //www.esph.com.cn	

经　　销	各地新华书店			
制　　作	北京浪波湾图文设计有限公司			
印　　刷	三河市兴达印务有限公司			
开　　本	720 毫米 × 1020 毫米　1/16	版　　次	2021 年 10 月第 1 版	
印　　张	14.25	印　　次	2024 年 7 月第 5 次印刷	
字　　数	236 千	定　　价	49.00 元	